地势坤，君子以厚德载物。

给孩子的古诗课

杨雨 著

浙江教育出版社·杭州

图书在版编目（CIP）数据

给孩子的古诗课 / 杨雨著 . — 杭州：浙江教育出版社，2022.11
ISBN 978-7-5722-4593-0

Ⅰ.①给… Ⅱ.①杨… Ⅲ.①古典诗歌—中国—中小学—教学参考资料 Ⅳ.① G634.303

中国版本图书馆 CIP 数据核字（2022）第 194532 号

责任编辑	赵露丹		**美术编辑**	韩　波
责任校对	马立改		**责任印务**	时小娟
策划编辑	康爱爽　魏　帆		**特约编辑**	孙佳怡

给孩子的古诗课
GEI HAIZI DE GUSHI KE

著　者	杨　雨
出版发行	浙江教育出版社
	（杭州市天目山路 40 号　电话：0571-85170300-80928）
印　　刷	北京世纪恒宇印刷有限公司
开　　本	700mm×980mm　1/16
成品尺寸	166mm×230mm
印　　张	12
字　　数	120 千
版　　次	2022 年 11 月第 1 版
印　　次	2022 年 11 月第 1 次印刷
标准书号	ISBN 978-7-5722-4593-0
定　　价	52.00 元

如发现印装质量问题，影响阅读，请与本社市场营销部联系调换。
电话：0571-88909719

目 录

想当"农民"的陶渊明《归园田居·其三》	001
真正的友谊应该是什么样子的?《送杜少府之任蜀州》	007
用月亮寄托相思之情《望月怀远》	013
采莲少女的歌声《采莲曲二首·其二》	019
最好的少年时光《少年行四首·其一》	024
王维为什么选择隐居呢?《终南别业》	030
青梅竹马,两小无猜《长干行二首·其一》	037
天性爱自由的李白《将进酒》	043
杜甫登临绝顶的勇气《望岳》	050

八个"醉仙"《《饮中八仙歌》》　　057

好朋友的久别重逢《《赠卫八处士》》　　064

一场喜雨《《春夜喜雨》》　　071

父亲对女儿最深沉的爱《《送杨氏女》》　　076

母亲对儿子最深情的挂念《《游子吟》》　　083

一封浪漫的邀请函《《问刘十九》》　　090

一封低调的自荐信《《闺意上张水部》》　　096

"扬州梦"的代言人《《赠别二首·其一》》　　102

最应该珍惜的是当下《《金缕衣》》　　108

有趣的灵魂万里挑一《《新添声杨柳枝词二首·其二》》　　113

认真的态度比什么都重要《《夜雨寄北》》　　119

大器晚成的词人《《菩萨蛮五首·其二》》　　126

没有一帆风顺的人生《定风波·莫听穿林打叶声》 132

夸自己漂亮的女词人《减字木兰花·卖花担上》 139

不放弃任何一个靠近理想的机会《临安春雨初霁》 145

所有的经历都在帮助你长大《丑奴儿·书博山道中壁》 151

春天读书的芳香《四时读书乐·春》 157

夏天读书的惬意《四时读书乐·夏》 162

秋天读书的心旷神怡《四时读书乐·秋》 168

冬天读书的清心宁静《四时读书乐·冬》 173

诗意就在触手可及的地方《人月圆·山中书事》 178

想当"农民"的陶渊明

(《归园田居·其三》)

陶渊明(365—427),字元亮,浔阳柴桑(今江西九江)人,一作宜丰人。陶渊明的曾祖父或为东晋鼎鼎大名的将军陶侃,家里也是富可敌国的豪门大户。可惜,陶侃的后代子孙并没有将这份家业好好地传承下来。

陶渊明的祖父和父亲都是无名之辈。陶渊明又生逢乱世,那时不仅水灾、旱灾等天灾不断,政坛上也是刀光剑影、血雨腥风,晚年的他还经历了从东晋到南朝宋易代的政变,他的一生可以说是"天无宁日"。

好在陶渊明最终归隐田园,所以他的诗大多描绘田园风光。《归园田居》组诗,就是陶渊明隐居在庐山的时候写的。

归园田居·其三

陶渊明

种豆南山下，草盛豆苗稀。
晨兴理荒秽，带月荷锄归。
道狭草木长，夕露沾我衣。
衣沾不足惜，但使愿无违。

南山：指庐山。

兴：起身，起床。

荒秽：指田中杂草。

带：一作"戴"，披。

荷（hè）：扛着。

足：值得。

但：只。

《归园田居》组诗写于东晋晋安帝义熙元年（405年）之后，在这一年，陶渊明最后一次做官，也最后一次辞官，从此之后，他开始了隐居的生活。

关于陶渊明的辞官，还有个"不为五斗米折腰"的故事。

义熙元年十一月，督邮要来视察彭泽县，"县长秘书"好心提醒"陶县长"："督邮大人是郡太守派来的上级长官，您要穿好官服、束上带子，备好礼品才能去拜见啊。"

陶渊明看着"秘书"战战兢兢的样子，不由得长叹一口气，心想，这位督邮大人早已臭名远扬，谁都知道他仗着自己是奉太守之命巡视各地，每到一处都耀武扬威、搜刮民财。可是，彭泽县并不富裕，自己更是一贫如洗，拿什么侍奉这位贪得无厌的督邮大人呢？难道当一方父母官，就要一天到晚给领导赔笑脸吗？！

陶渊明一边想，一边又是一声长叹："算了，看来我天生就不是当官的料。我怎么可能为了区区五斗米的'工资'，就向那种小人打躬作揖呢！不干了，回家种地去！"说完，他把身上的官印取下来交给"秘书"，收拾行李就回老家了。

就这样，陶渊明八月被任命为彭泽县令，十一月主动挂冠，辞去了上任八十多天的官职，也结束了他一生中最后一次出仕，回到老家，当了一名"田园诗人"。

《归园田居·其三》，作于春季或者春夏之交，描述了陶渊明一天的劳动情形。

"种豆南山下，草盛豆苗稀。"他在南山新开垦的荒地里种下豆子，高兴地看着豆种发芽、成长。但因为土地荒芜太久，野草丛生，豆苗稀稀疏疏地长在草丛里，看上去野草比豆苗还要茂盛。

"晨兴理荒秽，带月荷锄归。"他每天一大早就下地除那些野草，一直干到明月东升，才扛着锄头，哼着轻快的歌回家。

"道狭草木长，夕露沾我衣。衣沾不足惜，但使愿无违。"田间的小路很窄，草木长势很好，傍晚的露水沾湿了衣裳，让他感觉到阵阵清凉。衣衫虽被沾湿，却丝毫没有影响他愉悦的心情。只要能过符合本心的简单生活，不需要低眉顺眼看别人的脸色，他就心满意足了。

但是，陶渊明毕竟不同于一般的农民，他更是一个独具审美眼光的诗人，因此他能够从艰苦的农业劳动中跳脱出来，欣赏田园里清新自然的春天，也能抒发独特的人生感悟。

延伸阅读

陶渊明很会酿酒，因此，还有一个著名的"葛巾漉酒"的故事。

有一次，当地郡守来请陶渊明，正好碰上他自酿的酒熟了，陶渊明就摘下头上戴的葛巾滤酒，滤完后又将头巾戴上，丝毫不在意在一旁等候许久的郡守。

郡守可是一郡的最高长官，想想看，换作其他任何一个人，作为一介平民，当"市长"专程登门，有谁能像陶渊明这样洒脱率性呢？！

虽然在那个时代，陶渊明是个独一无二的另类，但他却拥有无数的隔代知音。他有两个超级"真爱粉"，其中一个是唐代的李白："梦见五柳枝，已堪挂马鞭。何日到彭泽，狂歌陶令前。"(《寄韦南陵冰，余江上乘兴访之遇寻颜尚书笑有此赠》)李白连做梦都梦见自己在陶渊明家，和他一起把酒言欢、痛饮狂歌。

陶渊明的另外一个"超级粉丝"，是宋代的苏轼。苏轼公然宣称对别的诗人都没有特别的偏好，"独好渊明之诗"，甚至和了109首陶诗，把陶渊明当成他这辈子要努力赶超的典范。

李白、苏轼之所以愿意对陶渊明献上自己的"膝盖"，正是因为他笔下的诗句、他的风骨气节，无一不呈现出真率、自然、有尊严的境界。

真正的友谊应该是什么样子的?

(《送杜少府之任蜀州》)

王勃六岁就以擅长写文章而闻名,可谓神童诗人。

十四岁时,王勃给宰相刘祥道写了一封自荐信,其中有两句大意是:希望您能够说服皇上,用"国士"的礼仪来对待我,我一定愿意拿出自己所有的本事报效朝廷。口气可真够大的!

一个少年居然敢向当朝宰相提要求,这是何等狂妄和自信!可是,宰相居然很欣赏王勃的才气与狂气,并向唐高宗推荐了他。

唐高宗亲自"面试"后,破格提拔了王勃。不满二十岁,王勃就被授予七品朝散郎。他更让人羡慕的,是下笔如有神。

每次创作之前,王勃都是磨好墨汁,就去畅饮美酒,然后再躺下呼呼大睡一觉。醒来之后,提笔蘸墨,一篇妙笔生花的文章像瀑布一样倾泻而出,而且无须改动一个字。

送杜少府之任蜀州

王勃

城阙辅三秦,风烟望五津。
与君离别意,同是宦游人。
海内存知己,天涯若比邻。
无为在歧路,儿女共沾巾。

三秦:秦亡后,项羽三分关中之地,将秦国降将章邯封为雍王,司马欣封为塞王,董翳封为翟王,三个封地合称"三秦",在今天的陕西潼关以西一带。

风烟:指在风烟迷茫之中。

君:对人的尊称,相当于"您"。

宦(huàn)游:出外做官。

海内:四海之内,即全国各地。古代人认为,中国疆土四周环海,故称天下为四海之内。

天涯:天边,这里比喻极远的地方。

比邻:并邻,近邻。

无为：无须、不必。

歧（qí）路：岔路。古人送行通常送到路的分岔处。

沾巾：泪水沾湿手巾。指挥泪告别。

"少府"在唐代是县尉的别称，相当于今天县公安局局长，只是个九品官。

杜少府到底是谁，很难考证，但他应该是王勃在京城交往比较密切的朋友之一。

"城阙辅三秦，风烟望五津。""阙"本来指皇宫前面的望楼，这里代指朝廷。辽阔的三秦之地拱卫着雄伟壮丽、气势恢宏的长安城，点明了送别之地在长安。"五津"泛指蜀州，今天四川一带，是杜少府要去的目的地。从长安到蜀州，隔着崇山峻岭。作为好朋友，王勃当然有一番离别的嘱托或者祝福。

"与君离别意，同是宦游人。"兄弟啊，你别因为离别而太难过了，其实我和你一样，都是为了前途而漂泊天涯的游子。

那时的王勃，虽然在京城混得风生水起，但他毕竟不是京城人，用我们今天的话说，他是典型的"京漂"。他当然对"宦游"的生存状态感同身受：有一些无奈和伤感，有一些孤独与无助，但更多的是对机会的渴望和对前途光明的信心。

"海内存知己，天涯若比邻。"请不要再难过了，无论你走到哪里，只要记得还有我这个朋友懂得你、珍惜你，即便我们天各一方，也能感受到邻居般的关心和温暖。

"无为在歧路，儿女共沾巾。""无为"就是无须、不必的意思。既然距离阻隔不了知己之情，离别是为了追求更好的前程，我们又何必像那些小儿女一样，在分别的岔道口哭哭啼啼、以泪洗面呢？！

对于真正的知己而言，年龄不是问题，身份不是问题，性别不是问题，距离更不是问题，这才是朋友的最高境界。这首诗不仅让我们感受到了天涯比邻的知己之情，还有一种少年的意气与阳光的心态。

元和四年（809年）三月，三十一岁的元稹被派去梓州（今四川三台）审理案件。他走后不到半个月，白居易与弟弟，还有一些朋友到长安城南的曲江和慈恩寺春游。晚上，他们到朋友家喝酒，就在大家兴致都很高的时候，白居易想起独独缺了元稹，忽然就有些伤感："元稹走了快半个月了，应该到梁州了吧？"白居易说完提笔在墙壁上写了一首诗——《同李十一醉忆元九》：

花时同醉破春愁，醉折花枝作酒筹。
忽忆故人天际去，计程今日到梁州。

你相信朋友之间会有心灵感应吗？至少在白居易和元稹之间我们是相信的。因为，就在白居易写完《同李十一醉忆元九》之后不久，有个从梁州来的朋友给他带来了元稹的信。元稹说，他到梁州的当晚，梦到自己和白居易在曲江游玩，后来又去了慈恩寺，正在兴头的时候，驿站备的驿车到了门口，说天亮要启程了，梦也就被惊醒了。醒来后，伤感的元稹写了这首《梁州梦》：

梦君同绕曲江头，也向慈恩院院游。
亭吏呼人排去马，忽惊身在古梁州。

白居易掐指一算，元稹应该到梁州了，于是写了一首思念元稹的诗。而就在同时，元稹在梁州梦到了白居易，并且梦中游程和白居易当天春游的路线一模一样。这就是朋友间的一种心灵感应吧，简直太神奇了！

用月亮寄托相思之情

(《望月怀远》)

张九龄既是大唐宰相里写诗最好的诗人，也是大唐诗人里政治地位最高、成就最大的宰相，还是一个风度翩翩的大帅哥。据说，自他以后，每次宰相向唐玄宗推荐公卿等高官人选的时候，唐玄宗总是要问一句："风度、气质比得上张九龄吗？"

从政三十多年，张九龄还团结了一大批诗坛俊才，王维、孟浩然、王昌龄等，都受到过他的关照或提拔。可以说没有张九龄，诗坛的"开元盛世"也不会那么群星璀璨。

《唐诗三百首》中的第一首就是张九龄的《感遇》，这足以证明他的诗坛地位。而作为大唐王朝最有风度的宰相诗人，张九龄最著名的作品是《望月怀远》。

望月怀远

张九龄

海上生明月,天涯共此时。
情人怨遥夜,竟夕起相思。
灭烛怜光满,披衣觉露滋。
不堪盈手赠,还寝梦佳期。

怀远:怀念远方的亲人。

情人:多情的人,指作者自己;一说指亲人。

怜:爱。

怜光满:爱惜满屋的月光。

滋:湿润。

盈手:盈,即满。双手捧满之意。

首联:"海上生明月,天涯共此时。""明月"自古以来就是诗歌钟爱的意象。海上升起了一轮明月,你我天各一方共同欣赏着同一个月亮。

颔联:"情人怨遥夜,竟夕起相思。""遥"是遥远的意思,"遥夜"就是长长的夜。从空间的距离之远,延伸到时间之漫长,我们仿佛看到时间的滴漏在一点点地计算着缓慢而艰难地挪动着的时间。"竟夕起相思","竟夕"就是整夜、通宵的意思。月亮每挪动一步,相思就更深一层,幽怨就更多一分。一方面,诗人怨夜晚太漫长;另一方面,却又宁可睁着眼睛独自守到天明。

颈联:"灭烛怜光满,披衣觉露滋。"明月光辉洒满了天地云海之间,明亮得像白天一样,这样可爱的月色,屋里的烛光反而显得有些多余。于是他吹灭蜡烛,披上外衣来到屋外,让自己全身心地沐浴在月色之中。"披衣觉露滋",只有出神的时间长,才会出现被露水浸湿衣裳还浑然不觉的状态。此处呼应了颔联的"遥夜""竟夕",因为只有漫漫长夜的久久伫立,才会出现寒露沾衣的现象。

尾联:"不堪盈手赠,还寝梦佳期。"双手握不住月光的美,也握不住露水的凉,更不要说将这满手的月光当成最美的信物,遥寄给远方的人了。我还是回去睡吧,也许在梦里我能够插上隐形的翅膀,飞越千山万水,与思念之人相会。

延伸阅读

"安史之乱"是盛唐迈向中唐的历史性转折。关于这段历史，有一个很有名的故事。

中唐时，唐宪宗被视为盛唐以后的中兴之主，他经常与大臣们讨论分析大唐王朝由盛转衰的原因。

有一天，唐宪宗又主动聊起了这个话题，他说："想当年开元、天宝年间，万国来朝，四夷宾服，我大唐王朝是何等兴旺！怎么一个小小的安禄山就毁了大唐的江山呢？朕每每想起这事，心情就很沉重。"

这时，名臣崔群大胆地说出了自己的看法："以臣的愚见，一国之兴衰，和宰相的人选甚是密切。宰相弄权，风气败坏，再强大的国家也会走向衰落。"

唐宪宗很认同这个看法，于是追问了一句："你能不能说得更具体一点？"

崔群接着说："大家都认为，安禄山造反是唐代从盛世走向乱世的分界线，但我认为，从张九龄被罢相、李林甫被起用开始，就已经注定了大唐王朝必乱无疑。就算没有安禄山，也还会有'李禄山''王禄山'。"

显然，崔群是想借用唐玄宗和张九龄的故事来敲打唐宪宗——作为皇帝，一定要慎重地对待治国理政的宰相人选。

采莲少女的歌声

(《采莲曲二首·其二》)

在盛唐的诗坛上,人脉最广的大概要数王昌龄了。换句话说,无论你想认识谁,通过王昌龄,准能要到他的"电话号码"或者"微信号"。无论是田园诗派的王维、孟浩然,还是边塞诗派的高适、岑参,甚至是位高权重的张九龄、傲岸不羁的李白,等等,都跟他交情不浅。

除了朋友圈阵容超级强大、豪华之外,王昌龄还有两大身份标签:一个是边塞诗人的代表,他和高适、岑参、王之涣,并称唐代四大边塞诗人;另一个身份标签是"七绝圣手",他的七言绝句写得特别好,甚至有标杆、典范的意义。

除了这两个身份标签之外,王昌龄还有一绝——写女性形象。甚至有学者将王昌龄的诗分为三类:边塞诗、送别诗、闺怨诗。

王昌龄非常有代表性的一首女性题材的诗歌,就是《采莲曲二首·其二》。

采莲曲二首·其二

王昌龄

荷叶罗裙一色裁,芙蓉向脸两边开。
乱入池中看不见,闻歌始觉有人来。

罗裙:用细软而有疏孔的丝织品做成的裙子。

一色裁:用同一颜色的衣料剪裁而成。

芙蓉:指荷花。

看不见:指分不清哪儿是芙蓉的绿叶红花,哪儿是少女的绿裙红颜。

《采莲曲》最早是能够演唱的，而且用这个曲调创作的诗歌，内容大多描写江南水乡的风光，尤其是采莲女的生活情态。

　　"荷叶罗裙一色裁，芙蓉向脸两边开。"这两句没有一个字提到颜色，但我们眼前却是一片鲜明的色彩，绿色的荷叶和罗裙，粉红的荷花和少女的脸庞，这红和绿的组合是自然风景的经典搭配。采莲少女的裙子像碧绿的荷叶一样，出水的荷花朝着采莲少女的脸庞开放。"荷叶罗裙一色裁"是远景，泛写无边的绿色；"芙蓉向脸两边开"是特写，镜头对准的是采莲少女的青春容颜。

　　"乱入池中看不见，闻歌始觉有人来。""乱入池中看不见"，采莲少女与荷花、荷叶融为一体，让人再也看不清哪里是人、哪里是花了。"乱"字只是诗人的观感，并不是采莲少女不认识路，乱划一气。这句诗恰恰说明，采莲少女争先恐后地划着船、采着莲，唯恐落在别人后面。"闻歌始觉有人来"，采莲少女的倩影虽然隐没在田田的荷叶丛中，但她们此起彼伏的歌声从荷叶深处传来，仿佛清风拂过水面和荷叶，亭亭玉立的荷花随着节奏袅袅起舞。

　　由远及近的镜头感，由视觉转入听觉的描写，是这首诗的第一个特点。第二个特点，就要结合江南水乡特有的民俗风情了。

　　"采莲"是江南水乡最独特、最完美的风景之一，边采莲边唱歌更是流传已久的劳动场景。其实，我们必须把采莲诗还原成民歌的本来面貌，才能真正地理解。比如说，一群青春洋溢的采莲女，一边采莲一边唱着歌，缓解劳动的辛苦，让工作变得有乐趣。

王昌龄当过江宁县丞，也就是在今天的南京做过一个九品的小官，所以对江南风景很熟悉；他还有被贬谪到岭南和湖南的经历，所以对江南的风土人情也比较了解。因此，他才能如此活灵活现地再现江南水乡采莲的动人美景。

延伸阅读

王昌龄的《采莲曲二首·其一》描绘了采莲女的美貌：

吴姬越艳楚王妃，争弄莲舟水湿衣。
来时浦口花迎入，采罢江头月送归。

前两句，写采莲少女的容貌，可以和吴国、越国、楚国最美的女子媲美。

后两句，写采莲少女的勤劳——她们结束了一天的采莲工作时，已经是明月当空了。

最好的少年时光

（《少年行四首·其一》）

王维大概是盛唐诗人里最"佛系"的一个，他广为流传的诗句"行到水穷处，坐看云起时"（《终南别业》），"明月松间照，清泉石上流"（《山居秋暝》），"人闲桂花落，夜静春山空"（《鸟鸣涧》），等等，都显示出一派悠闲恬静的禅趣，有一种宠辱不惊、物我两忘的境界。

但是，除了这些"佛系"的诗篇之外，王维也写过"大漠孤烟直，长河落日圆"（《使至塞上》）这样开阔的边塞诗，"独在异乡为异客，每逢佳节倍思亲"（《九月九日忆山东兄弟》）这样深情的亲情诗，以及"相逢意气为君饮，系马高楼垂柳边"（《少年行四首·其一》）这样侠气逼人的游侠诗。而这首《少年行四首·其一》，又让我们看到了一个少年般意气风发的王维，同时也看到了少年般青春飞扬的盛唐气质。

少年行四首·其一

王维

新丰美酒斗十千,咸阳游侠多少年。
相逢意气为君饮,系马高楼垂柳边。

新丰:地名。汉高祖刘邦设置新丰县,在今天的陕西西安临潼区东北,盛产美酒。

斗十千:指美酒名贵,价值万贯。

咸阳:这里代指唐朝都城长安。

少年游侠，除了无一例外的年轻帅气、生猛勇武之外，还有三大共同的基本元素：马、酒、剑。

"新丰美酒斗十千，咸阳游侠多少年。"新丰美酒的浓香，让这群少年游侠聚集在长安城边。虽然不知道彼此来自何方，要去向何处，甚至姓甚名谁，但这些都不重要。酒气与侠气集于一身的少年郎们，就凭着相同的"气味"，成了英雄不问来处的知己。

"相逢意气为君饮，系马高楼垂柳边。""高楼"在这里多半指豪华的高档酒楼。大概只有豪华的酒楼才配得上奢华的新丰美酒；只有奢华的新丰美酒，才配得上鲜衣怒马的少年游侠；只有这样任性的少年游侠，才配得上"沧海一声笑，滔滔两岸潮"的意气风发吧！

一幢富丽堂皇的酒楼里，空气中飘溢着醇美的酒香，酒楼前的林荫道上，一行粗壮的垂柳上拴着一溜的高头白马，一色亮锃锃的金鞍银镫，白马旁边侍立着一色的衣着光鲜、英武不凡的少年随从，而他们的主人——那些更加英武的少年，正在酒楼里狂歌痛饮。他们不拘一格地纵情欢笑，和着浓烈的酒香，在空气中尽情发酵、发酵……

诗解读到这里，似乎已经解释完了，但你也许还有一个疑问：不是说少年游侠有三个共同元素吗？现在才说到酒和马，另一个元素——剑呢？

剑，这个最重要的元素之一，没有出现在王维的这首《少年行四首·其一》中。王维笔下的少年游侠，虽然没有随身佩带宝剑，但他们随身携带着另外一种武器——弓箭。

有马，有酒，有剑（箭），一位白衣少年，扬鞭策马，回眸一笑，绝尘远去。那笑容，比阳光更明媚；那眼神，比秋波更清澈；那背影，比青春更生动。

延伸阅读

王维的《少年行四首》是组诗，前面讲到的是第一首，也只是少年游侠传奇故事的一个开场序幕而已，我们不妨来读读其他三首。

其二
出身仕汉羽林郎，初随骠骑战渔阳。
孰知不向边庭苦，纵死犹闻侠骨香。

其三
一身能擘两雕弧，虏骑千重只似无。
偏坐金鞍调白羽，纷纷射杀五单于。

其四

汉家君臣欢宴终,高议云台论战功。

天子临轩赐侯印,将军佩出明光宫。

这群少年游侠聚集在咸阳,在相逢痛饮之后,他们将去往何方呢?答案就在这三首《少年行》中。

王维为什么选择隐居呢？

（《终南别业》）

十五岁，王维离开老家蒲州（今山西永济），来到京城；十九岁，赴京兆府试，中举；二十一岁，状元及第，正式进入仕途，官授大乐丞。王维，简直就是少年得志的典范。

这样的王维又怎么会变成一个看破红尘的佛教徒呢？

初入仕途的王维，得到了张九龄的赏识，他也敬重张九龄的人品与官品，官职一路晋升。但这样的人生在王维三十六岁的时候，发生了转折。

这一年，张九龄被罢相，第二年又被贬荆州长史。王维四十岁那年，张九龄去世。同年，他最欣赏的好朋友孟浩然也去世了。他们的相继离世，对王维的触动相当大。也正是从这时开始，王维那种改变命

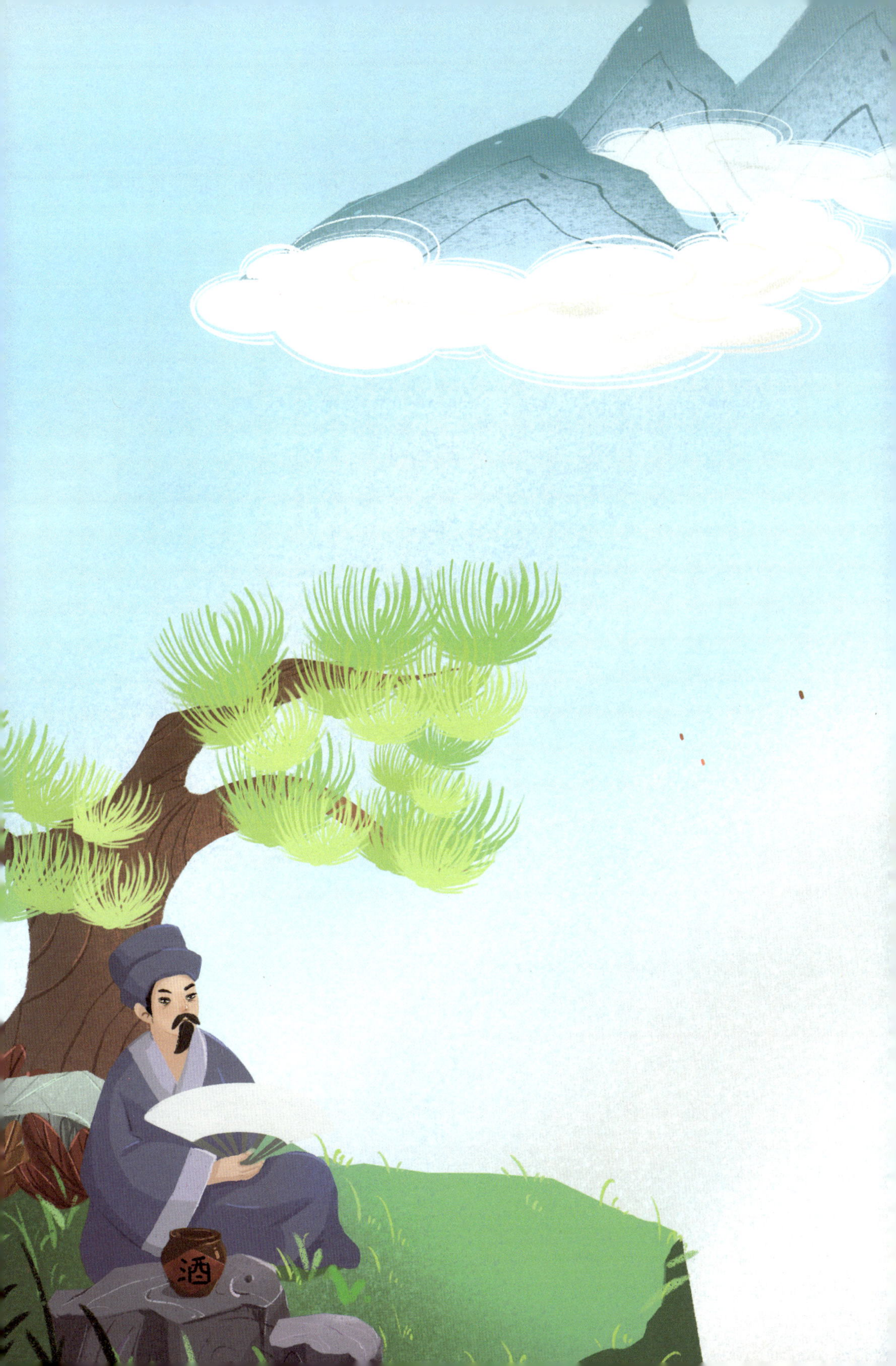
酒

运，甚至改变时代的豪情壮志，被无情的现实磨平了棱角，他变得茫然失措，甚至灰心丧气。

至此，王维在终南山过起了隐居的生活。

终南别业

王维

中岁颇好道，晚家南山陲。
兴来每独往，胜事空自知。
行到水穷处，坐看云起时。
偶然值林叟，谈笑无还期。

别业：别墅。

中岁：中年。

好（hào）：喜好。

家：安家。

南山：即终南山。

陲：边缘，旁边，边境。

胜事：美好的事。

空：白白地。

穷：穷尽，尽头。

值：遇到。

叟（sǒu）：老翁。

无还期：没有回归的准确时间。

王维是虔诚的佛教徒，他信奉的"道"指的是佛教的信仰。王维，字摩诘，他的名和字合起来就是"维摩诘"，恰好是一部佛经的名字，这当然不可能是单纯的巧合，而是王维信仰佛教的体现。

首联："中岁颇好道，晚家南山陲。""中岁颇好道"，说明王维从中年开始对凡尘俗世的生活产生了焦虑感，甚至厌倦感，于是更加一心追求"道"。和那些假隐士不一样，王维经历过繁华热烈，看淡了功名富贵，才真正静下心来，享受隐士远离尘世的安静与淡泊，也欣赏终南山最本色、最优美的风光。这才是真正意义上的隐居。

颔联："兴来每独往，胜事空自知。"他不再需要前呼后拥的热闹，任何时候，只要兴致一来，就能独自信步在山路上。虽然优美的风景、怡然的心情，都没有人分享，但他毫不在意，因为在他眼里，山山水水和他都是心意相通的；他能欣赏山水的自然之美，而山水也懂得他无拘无束的自在。

颈联："行到水穷处，坐看云起时。"有路可走的时候信步而行，走到没路可走了就席地而坐。至于风景，也是看到什么就是什么，不去刻意地寻找最佳观赏角度，更不会刻意去找背景、摆姿势晒"朋友圈"，随意就好。

尾联："偶然值林叟，谈笑无还期。"在山林深处，让王维欢喜的相遇，并不是遇到住在终南山豪华别墅里的那些达官贵人，或者是等待着不鸣则已，一鸣惊人的假隐士，而是遇到普通的，甚至可能连名字都不知道的山林野老。也正因为他和王维的社交毫无交集，王维才会毫不设防、百无禁忌地和他谈天说笑，开心得甚至忘了回家的时间……

在这首诗中，一切都是那么偶然、随意。偶然走在一条山路上，偶然走到一处地方，偶然地坐下来，偶然看到了云、碰到了人，偶然说到了开心的话题，偶然忘记了时间……

因为不刻意，所以这一系列的偶然才营造出一份悠然自得的美好意境。"终南别业"是王维对抗中年危机的灵魂栖息地，也是他超越自我的精神家园。

延伸阅读

王维和李白都出生于公元701年，两人成名也都很早。天宝元年（742年），李白被唐玄宗召为翰林待诏的时候，王维正在朝廷任左补阙，迁库部郎中，他多次侍驾为唐玄宗写应制诗，跟同事也有诗歌唱和的往来。这两位一流的诗人齐聚京城，而且都是交友极广的人，孟浩然、张九龄和王昌龄等，都是他们极为亲密的朋友，可是偏偏没有任何证据证明他们有过私人的交往。这真的是大唐诗坛关系网上，最让人感到遗憾的事了。

至于王维和李白为什么处在一个时空，却偏偏老死不相往来，有不少猜测。我个人觉得，他们不交往的主要原因，在于个性的差异。

李白个性豪迈不羁，为人激情澎湃，诗歌风格倾向于华丽壮美。而王维个性淡泊宁静，为人平和优雅，诗歌风格倾向于平淡静美。两人的性格差异实在太大了，大到可能李白不屑于王维的宁静优雅，而王维也不喜欢李白大大咧咧的闹腾劲儿。

比如，李白好酒，恨不得每次酒局都极尽奢华，酒友也都和他一样狂放洒脱，就算偶尔没人陪，他也要制造出热闹的氛围来，所以才会有"举杯邀明月，对影成三人"（《月下独酌四首·其一》）这种奇葩的"酒局"。王维好静，因此才说："中岁颇好道，晚家南山陲。兴来每独往，胜事空自知。"他希望独来独往，而且还很享受这种安静的状态。

也许就是由于这些原因，李白和王维在诗坛上并无交集，而是有着各自的人生。

青梅竹马，两小无猜

（《长干行二首·其一》）

说起李白，我们就会想到"天生我材必有用，千金散尽还复来"（《将进酒》）的豪迈，"安能摧眉折腰事权贵，使我不得开心颜"（《梦游天姥吟留别》）的傲娇，"举头望明月，低头思故乡"（《静夜思》）的忧郁，当然，还有像"桃花潭水深千尺，不及汪伦送我情"（《赠汪伦》）这样"国民好朋友"的身份标签……

这些的确都是李白，但李白的标签可能远远比我们以为的还要丰富得多。他还是一个细腻温柔的"暖男"。

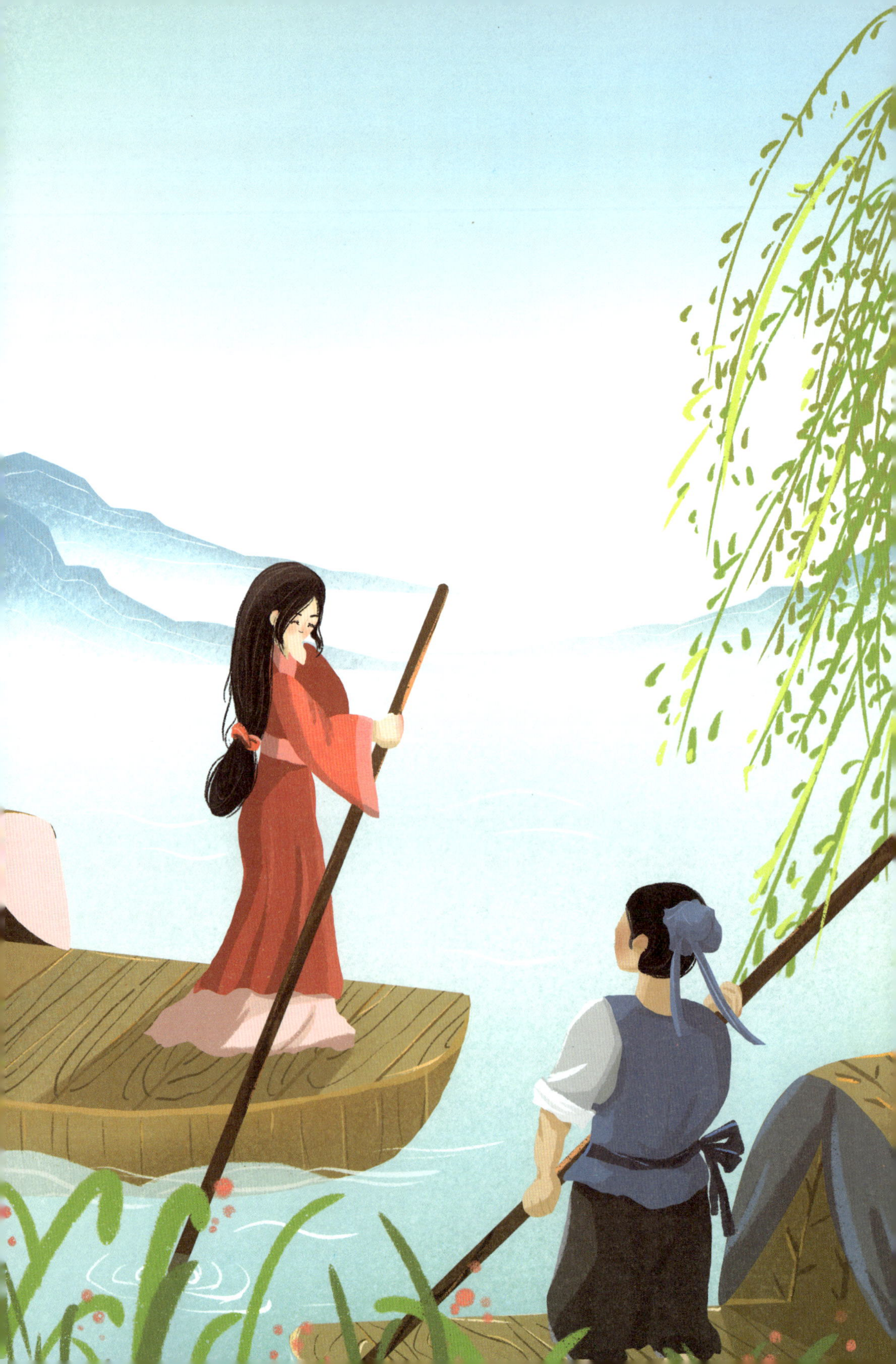

长干行二首·其一

李白

妾发初覆额，折花门前剧。郎骑竹马来，绕床弄青梅。
同居长干里，两小无嫌猜。十四为君妇，羞颜未尝开。
低头向暗壁，千唤不一回。十五始展眉，愿同尘与灰。
常存抱柱信，岂上望夫台。十六君远行，瞿塘滟滪堆。
五月不可触，猿声天上哀。门前迟行迹，一一生绿苔。
苔深不能扫，落叶秋风早。八月蝴蝶来，双飞西园草。
感此伤妾心，坐愁红颜老。早晚下三巴，预将书报家。
相迎不道远，直至长风沙。

长干行：属乐府《杂曲歌辞》调名。

剧：就是游戏、嬉戏的意思。

床：指水井上的围栏。

长干里：在今南京市，当年系船民集居之地。

滟（yàn）滪（yù）堆：瞿塘峡峡口的一块大礁石，农历五月涨水没礁，船只易触礁翻沉。

哀：一作"鸣"。

迟：一作"旧"。

绿：一作"苍"。

蝴蝶来：一作"胡蝶黄"。

早晚：是当时的方言俗语，就是何时、什么时候的意思。

三巴：地名，大概位置在今天的重庆。

长风沙：地名，在今安徽省安庆市的长江边上，距南京约700里。

这首诗的故事性很强，通过女主角的自述，完整地讲述了她从孩童、少女，再到少妇的成长过程。

"妾发初覆额，折花门前剧。"她的刘海刚刚盖过额头，手里拿着刚摘的野花，正在自家门口玩耍。

"郎骑竹马来，绕床弄青梅。""郎骑竹马来"，男孩骑着竹马就冲了过来；"绕床弄青梅"，男孩一手扶着竹竿，一手拿着"青梅"，两人围着水井你追我赶地嬉戏。

"同居长干里，两小无嫌猜。"男孩和女孩是同乡，从小玩到大，从来没吵过架，没有一点儿嫌隙，天真烂漫，单纯得可爱。

"十四为君妇，羞颜未尝开。"十四岁，女孩和男孩的关系发生了本质的转变——从童年时两小无猜的玩伴，变成了夫妻。

虽然嫁了人，但她比较害羞，还没有完全适应这种身份的转变，所以她"低头向暗壁，千唤不一回"，总是害羞地低着头，不敢大胆地与丈夫对视。

"十五始展眉,愿同尘与灰。""展眉"指眉头展开,心情轻松、喜悦的样子。结婚一年之后,十五岁的少妇终于适应了为人妻的身份转变,她从一个害羞的新嫁娘,变成了一个对丈夫深爱不渝的妻子。

"常存抱柱信,岂上望夫台。"这两句诗用了两个典故。女子用"常存抱柱信"表白对丈夫至死不渝的爱情,一方面表示自己的忠诚,另一方面也含蓄地表达了对丈夫的期待——"岂上望夫台"。

"十六君远行,瞿塘滟滪堆。"女子十六岁的时候,丈夫离家远行。"瞿塘滟滪堆"指今天重庆奉节的瞿塘峡口。从南京到重庆,逆流而上,想想古代的交通状况,连我们都不由得为他捏一把汗,又何况是他的妻子呢!

妻子一边时时担心着丈夫的安危,一边又要时时忍受孤独。丈夫一走,她就开始掐着手指计算丈夫的行程。"五月不可触,猿声天上哀。"长江三峡,水流湍急,到处有暗礁,还有让人毛骨悚然的猿叫声从两岸险峻的山峰中传出来,这样的环境怎能不让人担惊受怕呢!

不过丈夫的处境到底怎么样,妻子毕竟看不到,她只能依靠有限的想象。所以,这首诗的情绪,最终落在了妻子的相思苦恋中:"门前迟行迹,一一生绿苔。苔深不能扫,落叶秋风早。八月蝴蝶来,双飞西园草。感此伤妾心,坐愁红颜老。"

"早晚下三巴,预将书报家。相迎不道远,直至长风沙。"这样看来,丈夫远行的终点在重庆,而且当他办完事准备回家的时候,会先写封家书告知归期。而妻子想要第一时间知道丈夫的归期，不只是为了把家里打扫得干干净净，把饭菜准备得丰盛可口，把自己收拾得漂漂亮亮，这位妻子值得钦佩的地方就在于她不是被动地等待，而是主动地远道相迎——"相迎不道远，直至长风沙"，她要去长风沙迎接丈夫的归来！

延伸阅读

"抱柱信"出自《庄子·盗跖》，说的是一个叫尾生的男子和女子约定在桥下相会，结果久等不至，等着等着潮水涨了起来，痴情的尾生为了信守诺言，竟然抱着他们约定见面的那根桥柱子，活活地被淹死了。

这个故事的真实性值得怀疑，毕竟庄子是一个编故事的高手。但庄子显然想用这个故事来表达一种诚信的态度。后来这个故事就衍生出"尾生抱柱"这个成语，比喻对承诺的坚守。

"望夫台"的故事是，传说古时候有个忠贞的女子，丈夫久久不归，她天天站在山顶上眺望丈夫远行的方向，直到站成了一块石头，还没有等到丈夫回家。

天性爱自由的李白

(《将进酒》)

李白是一位个性极为复杂，经历也极为丰富的诗人，无论读他的哪一首诗，我们都能发现一个不一样的李白。

《将进酒》相对比较全面地展现了李白的各个侧面，我们可以用"三好"——好酒、好道、好侠，来概括这首诗所呈现出来的李白。"好酒"对应的是酒气，"好道"对应的是仙气，"好侠"对应的就是侠气了。

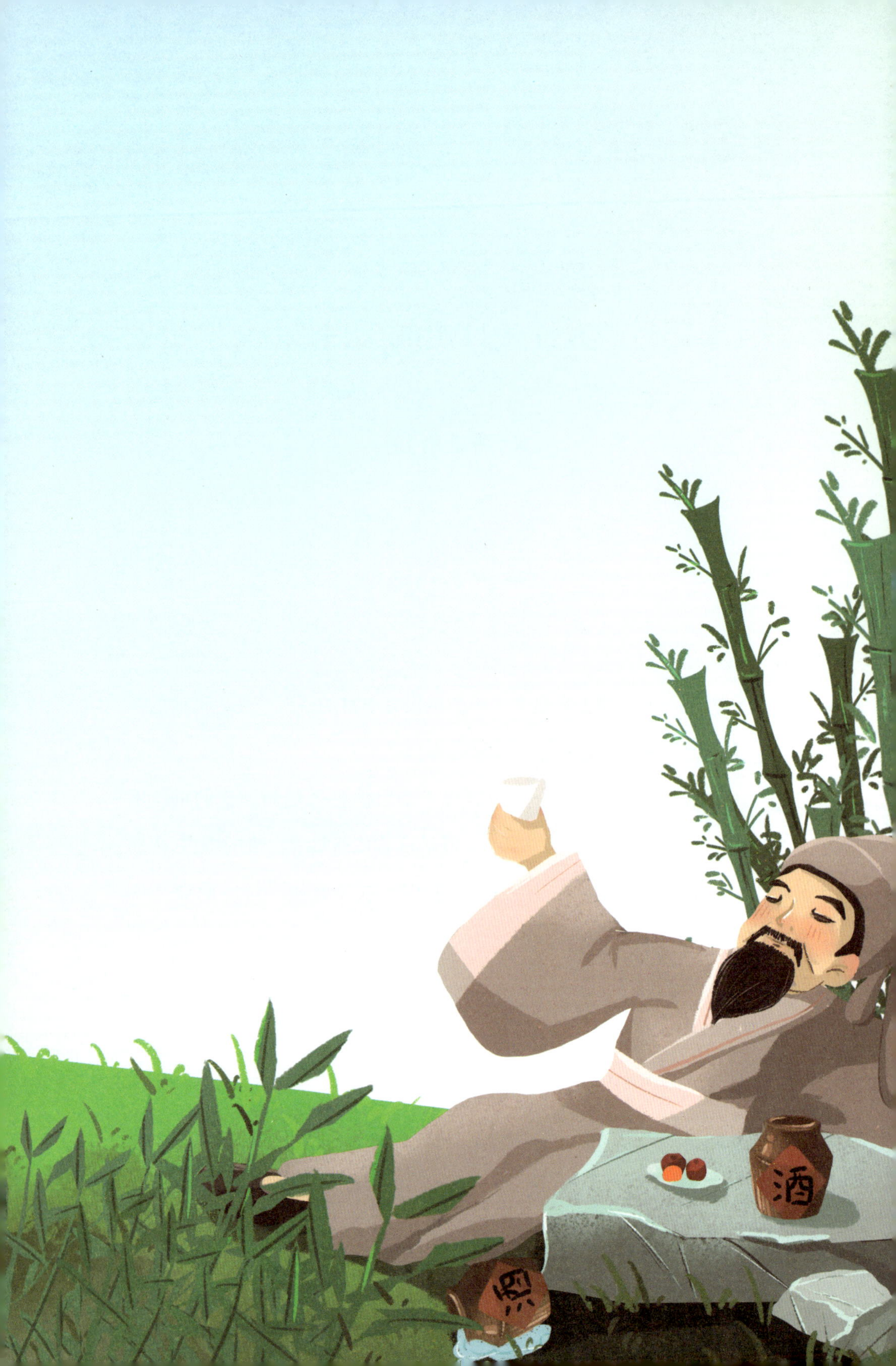
酒

将进酒

李白

君不见黄河之水天上来,奔流到海不复回。
君不见高堂明镜悲白发,朝如青丝暮成雪。
人生得意须尽欢,莫使金樽空对月。
天生我材必有用,千金散尽还复来。
烹羊宰牛且为乐,会须一饮三百杯。
岑夫子,丹丘生,将进酒,杯莫停。
与君歌一曲,请君为我倾耳听。
钟鼓馔玉不足贵,但愿长醉不复醒。
古来圣贤皆寂寞,惟有饮者留其名。
陈王昔时宴平乐,斗酒十千恣欢谑。
主人何为言少钱,径须沽取对君酌。
五花马,千金裘,呼儿将出换美酒,与尔同销万古愁。

将(qiāng)进酒:请饮酒。
君不见:乐府诗常用作提醒人语。

天上来：黄河发源于青海，因那里地势极高，故称。

高堂：房屋的正室厅堂。

青丝：形容柔软的黑发。

得意：适意高兴的时候。

樽：酒杯。一作"罇"。

会须：应当，应该。

岑夫子：岑勋，李白好友。

丹丘生：元丹丘，当时隐士，李白好友。

钟鼓：鸣钟击鼓作乐。

馔（zhuàn）玉：形容食物精美如玉。馔，饭食。

寂寞：这里是被世人冷落的意思。

陈王：即曹植，因封于陈（今河南淮阳一带），死后谥"思"，世称陈王或陈思王。

斗酒十千：一斗酒价值十千钱，极言酒的名贵。

恣欢谑（xuè）：尽情地娱乐欢饮。

何为：为什么。

径须：干脆、只管。

五花马：谓马之毛色作五色花纹者，极言马的名贵。

千金裘：珍贵的皮衣。

尔：你。

"君不见黄河之水天上来,奔流到海不复回。君不见高堂明镜悲白发,朝如青丝暮成雪。人生得意须尽欢,莫使金樽空对月。"李白为什么那么好酒?因为他发现时间过得实在是太快了,就像黄河之水一样一泻千里不回头,满头青丝一转眼就如雪般白。与其徒劳地悲叹生命短暂,还不如今朝有酒今朝醉呢!

"天生我材必有用,千金散尽还复来。"因为出身富家,李白从小就养成了视金钱如粪土的个性,从来不把钱当回事儿。李白的诗歌里,衣食住行处处都显示出高调的奢华。

李白每次写喝酒的酒局,都会辅之以让人垂涎三尺的"大菜"——"烹羊宰牛且为乐,会须一饮三百杯"。

"岑夫子,丹丘生,将进酒,杯莫停。"岑夫子、丹丘生两个人,是和李白相交三十年的朋友,从青年时代开始,这份友谊一直伴随李白到生命的最后。

"与君歌一曲,请君为我倾耳听。钟鼓馔玉不足贵,但愿长醉不复醒。古来圣贤皆寂寞,惟有饮者留其名。陈王昔时宴平乐,斗酒十千恣欢谑。"喝醉酒的人往往有两种截然不同的表现:一种是昏昏沉沉地睡觉,根本醒不过来;另外一种就是手舞足蹈,根本停不下来。李白喝醉酒后,会手舞足蹈,跟朋友们唱歌,还逼着朋友们一个个竖起耳朵听他唱:"你们不要把那些功名富贵放在心上,你看从古到今,真正的圣贤之人都是寂寞的,只有那些好酒的高人雅士才会千古留名。"

果不其然,就在我们都以为酒足饭饱,局该散了的时候,李白又大放豪言："谁说没酒了？谁说没菜了？不可能！"

"主人何为言少钱，径须沽取对君酌。五花马，千金裘，呼儿将出换美酒，与尔同销万古愁。"读到最后，我们才发现，李白吆喝了半天，要朋友们"将进酒，杯莫停"，要"会须一饮三百杯"，原来是朋友请他喝酒，最后他却反客为主！酒喝光了，他还直嚷嚷着，让朋友把家里的五花马、千金裘这些宝贝都拿出去当掉，换了钱买酒喝，他还真不拿自己当外人啊。

延伸阅读

虽然李白和大多数古代文人一样，有着治国安邦的政治理想，但他的个性偏偏与这样的理想南辕北辙。

比如：别人做官都通过科举考试，一步步地往上走，可李白不屑于这样的按部就班，他总希望一步登天，最好直接当宰相。别人当官都谨小慎微，可李白却做出让高力士脱靴、让杨贵妃磨墨、把唐玄宗晾在一边——"天子呼来不上船"等出格的事儿。总而言之，李白有政治理想，却没有政治智慧，更受不了官场的种种约束，以及等级森严的上下级关系。

天性向往自由的李白，在仕途上注定失败，他成不了姜太公、管仲、诸葛亮那样的一代名相，尽管他有这样的理想，但无论是时势还是个性，都不可能给他这样的机会。

但是，"天生我材必有用，千金散尽还复来"。成功的标准不是只有一个，成功的道路也不是只有一条，他听从本心，做出了最适合自己的选择，也为中国诗坛赢得了一片更寥廓的天空。

杜甫登临绝顶的勇气

(《望岳》)

　　杜甫的诗,有名的实在太多,他的成名作是他在二十六岁左右写下的《望岳》,它也是杜甫正式登上盛唐诗坛的标志性作品。

　　《望岳》让我们看到了一个裘马轻狂、自信心爆棚的"小杜"。我们来看看,他是如何表现出放眼天下、舍我其谁的豪迈气势的。

望岳

杜甫

岱宗夫如何？齐鲁青未了。
造化钟神秀，阴阳割昏晓。
荡胸生曾云，决眦入归鸟。
会当凌绝顶，一览众山小。

青：指苍翠、翠绿的美好山色。

未了：不尽，不断。

造化：大自然。

钟：聚集。

神秀：天地之灵气，神奇秀美。

阴阳：阴指山的北面，阳指山的南面。这里指泰山的南北。

荡胸：心胸摇荡。

曾：同"层"，重叠。

决眦（zì）：眼角（几乎）要裂开。

入：收入眼底，即看到。

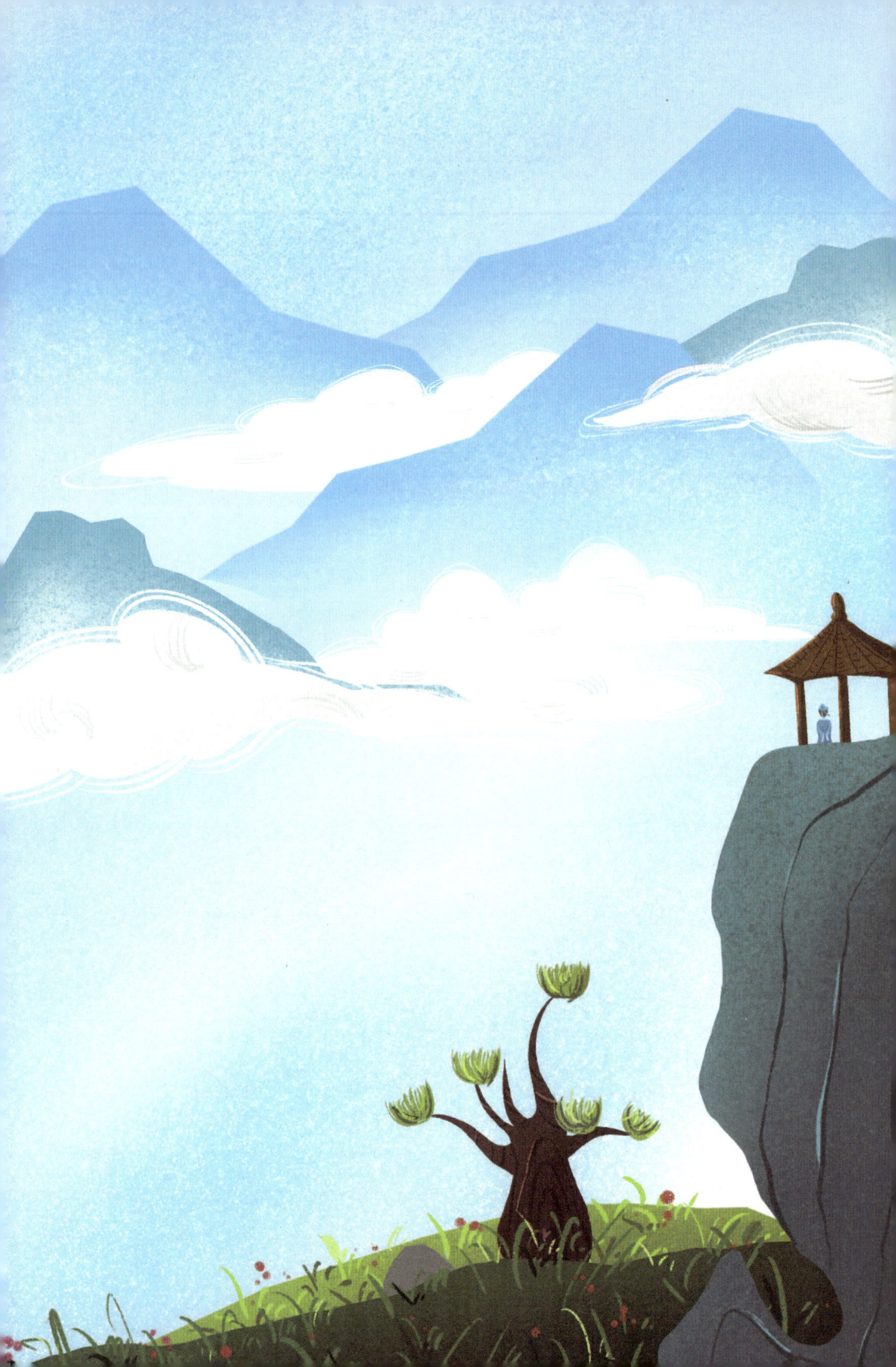

凌绝顶：登上最高峰。

"岱宗夫如何，齐鲁青未了"是远望，起笔就气势不凡，"岱宗"是泰山的别名。古时候，泰山的南面是鲁国、北面为齐国，横跨齐鲁，所以杜甫才会说"齐鲁青未了"。

"岱宗夫如何"，泰山究竟怎么样呢？杜甫要亲眼看见泰山后再来回答心里一直藏着的那个疑问：大家都说泰山高大、巍峨，那真正的泰山是否名副其实呢？"齐鲁青未了"，青年杜甫真是出手不凡，他既没有惊叹泰山真的好高好高，也没有惊叫泰山真的好险好险，更没有惊喜泰山真的好美好美，而是用视线的遥远来烘托泰山的壮观和秀美，竟然将泰山之高、之险、之美全部包括进去了。

"造化钟神秀，阴阳割昏晓"是近望，从视觉上勾勒泰山的雄伟壮美；接下来又将视觉形象延伸到时空观念：难道连大自然都对泰山那么偏心、钟爱吗？随着太阳的移动，向阳的一面光辉明亮，背阳的一面则阴影沉沉，阴阳分隔的清晰山势，越发增添了泰山神秘又神圣的气质。

"荡胸生曾云，决眦入归鸟"是细望，山中行云缭绕，仿佛自己的心胸也随之起伏荡漾；诗人震撼于泰山的磅礴气势，久久地注目凝望，一直到黄昏日落，飞鸟归林。

"会当凌绝顶，一览众山小"是极望，包含着由实转虚的浪漫情怀和远大志向。"会当",就是必须、一定要的意思。泰山越是高耸险峻,越是让"小杜"有了一定要征服它、登临绝顶的勇气与雄心。他想象着,当他终于踏上峰顶,再换个角度放眼眺望的时候,那种俯视群山的豪迈,一定会让他真正体会到一个胜利者、征服者的英雄气概吧!

延伸阅读

杜甫诗集里有三首《望岳》,诗名一样,但望的三座山却不一样。

我们刚讲的这首《望岳》是五言古诗,"岳"指的是东岳泰山,这首诗是杜甫青年时期的代表作。杜甫青年时期正逢唐朝最为繁华的"开元盛世"。大约就在写这首《望岳》的前一两年,也就是开元二十三年(735年),二十四岁的杜甫,回到洛阳赴京兆贡举。这一次他没有考上,但这次的挫折丝毫没有影响"小杜"对理想的追求。在那个繁华的盛世里,成功有很多种可能,机会也时时会光顾有理想、有准备的青年,所以他并不担心,也不焦虑,继续实践着读万卷书行万里路的追求,攀登着一个又一个的诗坛高峰。

第二首《望岳》是七言律诗，望的则是西岳华山：

西岳崚嶒竦处尊，诸峰罗立似儿孙。
安得仙人九节杖，拄到玉女洗头盆。
车箱入谷无归路，箭栝通天有一门。
稍待秋风凉冷后，高寻白帝问真源。

写这首诗的时候，杜甫四十七岁左右。其时，唐朝经历过"安史之乱"，正是风雨飘摇的时期，中年杜甫不可避免地在诗中流露出苍凉和沧桑之感。

第三首《望岳》是五言古诗，望的是南岳衡山：

南岳配朱鸟，秩礼自百王。
欻吸领地灵，鸿洞半炎方。
邦家用祀典，在德非馨香。
巡守何寂寥，有虞今则亡。
洎吾隘世网，行迈越潇湘。
渴日绝壁出，漾舟清光旁。
祝融五峰尊，峰峰次低昂。

紫盖独不朝，争长嶪相望。

恭闻魏夫人，群仙夹翱翔。

有时五峰气，散风如飞霜。

牵迫限修途，未暇杖崇冈。

归来觊命驾，沐浴休玉堂。

三叹问府主，曷以赞我皇。

牲璧忍衰俗，神其思降祥。

　　写这首诗的时候，杜甫大约五十八岁，离他去世只剩下最后一年了。这首诗描写了山岳之势，并对祭祀之礼抒发议论，流露出诗人忠君爱国的情怀和对世事无奈的哀叹。

　　这三首《望岳》串起了杜甫从青年到中年，再到暮年的完整一生。

八个"醉仙"

(《饮中八仙歌》)

《饮中八仙歌》是一首"奇诗",它的"奇"体现在三个方面。

第一奇,奇在诗歌的形式,它并不是杜甫最擅长的律诗绝句;第二奇,这首诗出场的人物一共有八个,但是"小杜"给每个人的镜头分量不一样;第三奇,这首诗简直是酒气扑鼻!"小杜"一连写了八个醉汉,而这八个人的形象特点各异,他们除了一个共同特点——好酒而且酒量特别大之外,其他方面都不同。

饮中八仙歌

杜甫

知章骑马似乘船，眼花落井水底眠。

汝阳三斗始朝天，道逢麴车口流涎，恨不移封向酒泉。

左相日兴费万钱，饮如长鲸吸百川，衔杯乐圣称避贤。

宗之潇洒美少年，举觞白眼望青天，皎如玉树临风前。

苏晋长斋绣佛前，醉中往往爱逃禅。

李白一斗诗百篇，长安市上酒家眠。

天子呼来不上船，自称臣是酒中仙。

张旭三杯草圣传，脱帽露顶王公前，挥毫落纸如云烟。

焦遂五斗方卓然，高谈雄辩惊四筵。

眼花：醉眼昏花。

斗：一斗等于十升。

麴（qū）：就是酿酒用的酒曲，也代指酒。

衔杯：贪杯。

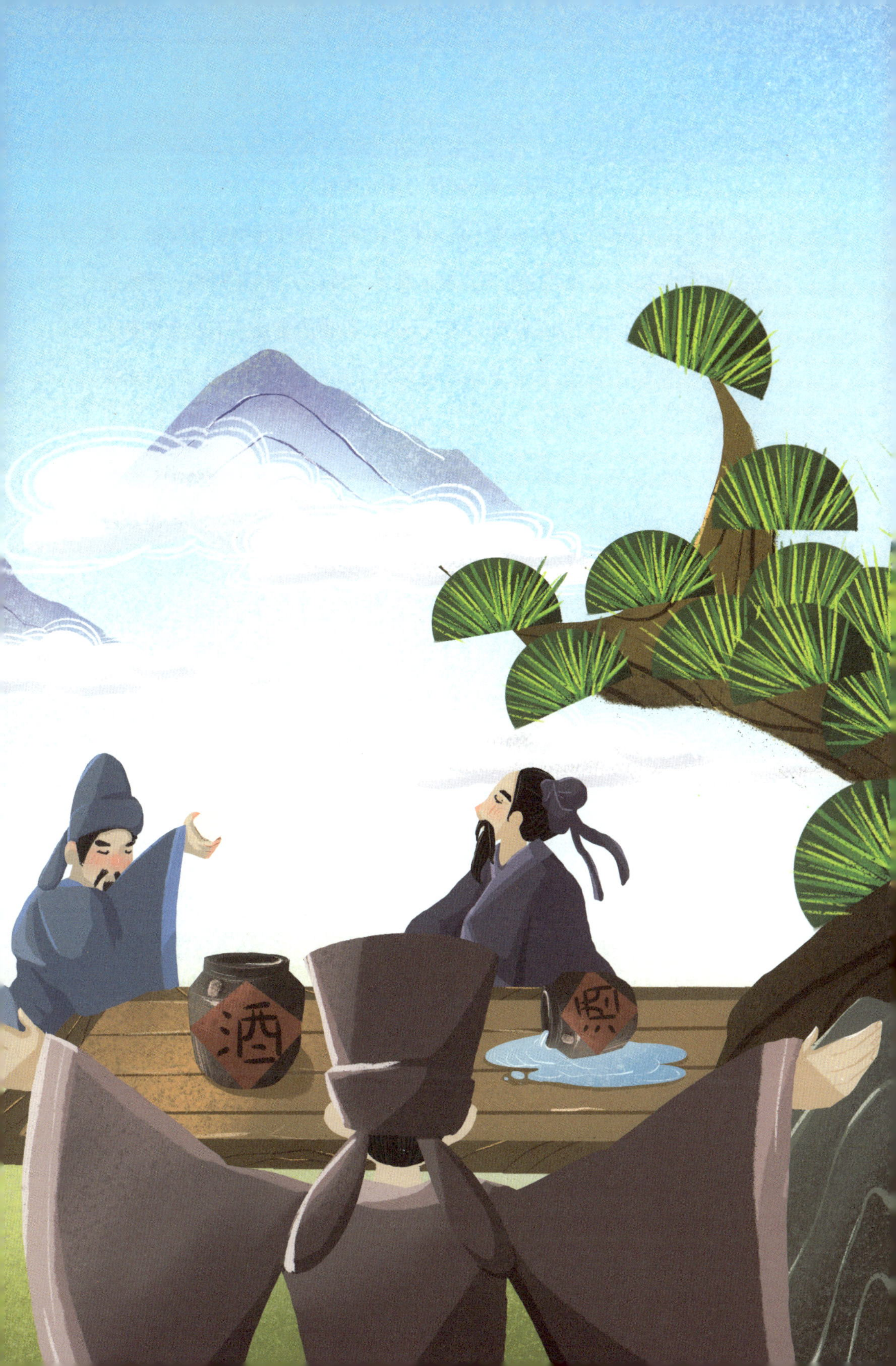
酒

这首诗中，八位风采各异的醉仙分别是谁呢？

第一位"醉仙"是贺知章。他是状元出身，曾任秘书监等官职，自号"四明狂客"，又号秘书外监，被人称为"诗狂"。他还写得一手漂亮的草书，真是才华横溢又狂放不羁。不过，杜甫的重点并不是要赞美贺知章光辉的人生履历，而只是幽默地勾勒了他醉态可掬的样子："知章骑马似乘船，眼花落井水底眠。"他喝醉酒以后骑马就像坐船一样晃晃悠悠，一副自得其乐的模样，醉眼蒙眬间，路也看不清楚，再加上老眼昏花，一不留神掉到了井里，居然没被摔醒，还兀自睡得又甜又香呢。

第二位"醉仙"是八个人中身份最尊贵的汝阳王李琎。他是"让皇帝"李宪的长子。李宪本来是皇太子，后来主动让位给李隆基。李琎是唐玄宗李隆基的侄子，封汝阳王，正宗的亲王贵胄。而且李琎多才多艺，擅长敲羯鼓，还姿容绝美，是皇室子弟中的第一美男子，唐玄宗十分喜爱他，昵称他为"花奴"。不过杜甫既不写李琎的多才多艺，也不写他的姿容绝世，只写他的醉态："汝阳三斗始朝天，道逢麴车口流涎，恨不移封向酒泉。"李琎酒量可不小，"三斗始朝天"，这里的"朝天"可不是仰着脖子抬头看天的意思，而是喝完三斗酒才醉醺醺地去朝见天子。

第三位"醉仙"是李适之。他同样很了不得。天宝元年，他代牛仙客为左丞相，当时的右相是著名的奸臣李林甫。因受到李林甫排挤，他于天宝五载被罢相。杜甫描写李适之就用到了这个故事："左相日兴费万钱，饮如长鲸吸百川，衔杯乐圣称避贤。"说李适之为人豪爽大方，说他酒量大得像巨鲸吸纳百川。其中"乐圣""避贤"是一语双关。古时人们将清酒称为"圣人",浊酒称为"贤人"(《魏志》)。清酒比较高档,当然价钱也很贵;浊酒比较粗糙,价格比较便宜。"乐圣""避贤"是指李适之身份高贵,平时喝的都是高档清酒,对便宜的浊酒避而远之。但是,杜甫这样写,绝对不是说李适之在喝酒方面追求奢华,而是暗喻了他对李林甫的避而远之和对高洁的圣人品性的坚守和向往。

第四位"醉仙"是崔宗之。他的出身也很高贵,是崔日用的儿子,袭封齐国公。不过杜甫不写他的身份,只写他倾国倾城的美貌和风采。"宗之潇洒美少年,举觞白眼望青天,皎如玉树临风前。"在八个人中,崔宗之大概属于年轻一辈的"小鲜肉",潇洒美少年。他喝起酒来简直自带光环,一边举着酒杯,一边昂首白眼望天,一副高傲不羁、满不在乎的神态。普通人翻白眼可能不怎么好看,可是崔宗之"举觞白眼望青天"的时候,却是那么楚楚动人。这还不算,他皮肤白皙,身材修长,气质优雅,就算是喝醉了,也是玉树临风、摇曳生姿、风华绝代!

第五位"醉仙"是潇洒出尘的名士苏晋。他也不是普通人,曾经官居中书舍人,终太子左庶子,正四品官员。"苏晋长斋绣佛前,醉中往往爱逃禅。"原来他平时号称吃斋信佛,可他这个佛教信徒一看到酒就把持不住,一生都在"酒"和"禅"之间左右摇摆。但很显然,在酒和禅的"战斗"中,"酒"是常胜将军,而"禅"不堪一击。看来,他是一个活脱脱的假佛教信徒,真酒徒。

第六位"醉仙"是李白。"李白一斗诗百篇,长安市上酒家眠。天子呼来不上船,自称臣是酒中仙。"其实杜甫和这八个人当中的不少都是好朋友，但他最佩服、与之感情最深的还是李白。天宝三载，杜甫在洛阳初遇李白，一见如故，从此两人多次同游，杜甫写了很多诗赠给李白。不过这首诗只刻画了李白的一个侧面，那就是醉态。李白的三大特点在这四句诗里显露无遗：第一是好酒；第二是有才；第三是狂放。好酒就不用说了，关键是他喝了酒还能写出千古名诗。

第七位"醉仙"是著名的草书大家——"草圣"张旭。他的特点是喝醉了就要脱帽子把头顶露出来，哪怕是在王公贵胄面前也毫不收敛，满不在乎："张旭三杯草圣传，脱帽露顶王公前，挥毫落纸如云烟。"而且他一得意就要挥毫疾书，笔锋落在纸上就好比云烟升腾，千姿百态，变幻莫测。

第八位"醉仙"是名不见经传的布衣焦遂。他虽然身份不尊贵，但见识卓异，口才不凡，一饮五斗之后才开始滔滔不绝，高谈阔论："焦遂五斗方卓然，高谈雄辩惊四筵。"辩论起来，谁都不是他的对手。

八仙歌写到这里突然结束，一股酒气充盈在字里行间，他们个性迥异、风采不凡的形象一个个跃然纸上，让人印象深刻。杜甫把这八个人写得这么活灵活现，让我们不由得相信，杜甫肯定和他们喝过很多次酒，才能这么了解他们，写得这么生动，但其实并不是。杜甫和八位"醉仙"代表了大唐盛世的某一个侧面，他们是盛唐风采的群像，也是盛唐时代的缩影。杜甫在这八个"酒仙"身上，也寄寓了自己曾经年少气盛的风华。

延伸阅读

据说阮籍有个本事,能翻青眼和白眼。看到志不同道不合的人,阮籍就白眼相看,不予理睬;看到高人雅士,阮籍就青眼相加,视为知己。

城府很深的人,往往都是喜怒不形于色的人,轻易不会将内心的喜怒爱恨表现出来。可阮籍的翻白眼、青眼,却将情绪的变化充分地表现在脸上。或许,这就是名士的清高与任性吧!

好朋友的久别重逢

(《赠卫八处士》)

　　《赠卫八处士》是一首讲述老朋友分别二十年后又重逢的诗。如果说离别是痛苦的、哀伤的,那么久别重逢应该是喜悦的、兴奋的。可是,在这首诗中,我们感受最深的并不是久别重逢的欢乐,而是深深的悲哀与沉痛。

　　《赠卫八处士》写于唐朝乾元二年(759年),这一年杜甫四十八岁,也是"安史之乱"爆发后的第五年,一系列的天灾人祸让大唐王朝雪上加霜,也让杜甫过着颠沛流离的生活。

赠卫八处士

杜甫

人生不相见，动如参与商。
今夕复何夕，共此灯烛光。
少壮能几时，鬓发各已苍。
访旧半为鬼，惊呼热中肠。
焉知二十载，重上君子堂。
昔别君未婚，儿女忽成行。
怡然敬父执，问我来何方。
问答未及已，儿女罗酒浆。
夜雨剪春韭，新炊间黄粱。
主称会面难，一举累十觞。
十觞亦不醉，感子故意长。
明日隔山岳，世事两茫茫。

动如：动不动就像。

参：星宿名，酉时也就是傍晚五点到七点出现在西方。

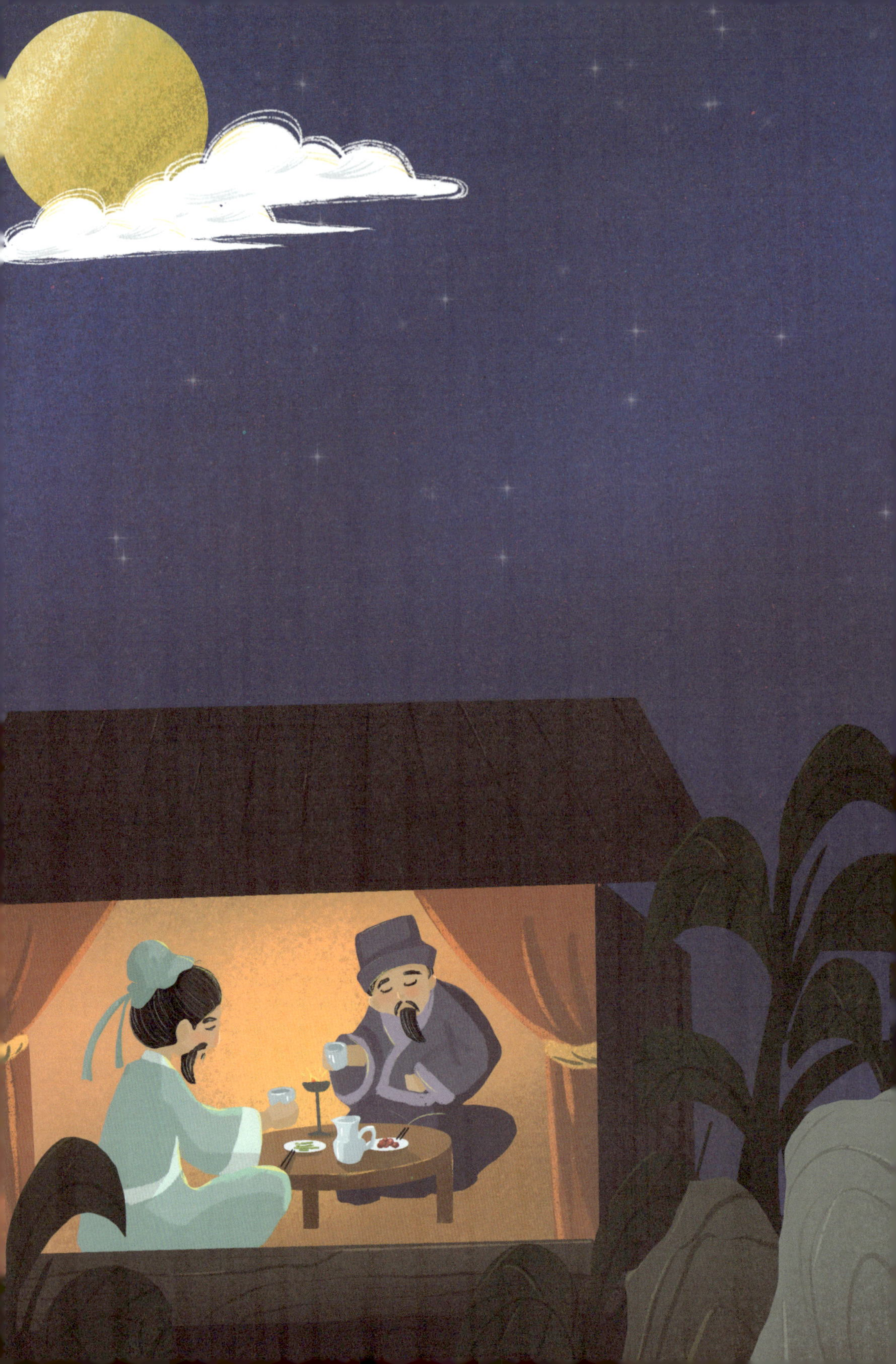

商：又叫辰星，卯时也就是早上五点到七点出现在东方。

成行：儿女众多。

未及已：还未等说完。

累：接连。

故意长：老朋友的情谊深长。

这位老友姓卫，排行第八，隐居不仕，所以杜甫称呼他"卫八处士"。卫八处士的生平不详，不过除了杜甫之外，他和当时很多有名的诗人都有亲密的往来。著名的边塞诗人高适也是卫八处士的好朋友，他写过《酬卫八雪中见寄》《同卫八题陆少府书斋》等。这说明卫八虽然隐居乡间，却并非普通农夫，而是一个"往来有鸿儒"的高人雅士。

二十年来，杜甫与卫八处士一个四处奔波流徙，过着朝不保夕的日子，一个隐居在寂寂无闻的小山村中，与世隔绝。杜甫原以为他们此生此世难以再见，所以这首诗一开始的感叹就惊心动魄："人生不相见，动如参与商。"

"人生不相见，动如参与商。""参""商"是两大星宿。参与商，一升一落，一晚一早，永远不可能同时出现在天空中。在那个音信隔绝的乱世中，人与人的分离像参与商两个星宿一样，再见几乎是不可能的事。可没想到，在乱糟糟的世道中，杜甫和卫八处士居然还能够"偷"得一个夜晚的宁静，相聚在昏暗却温馨的烛光下。"今夕复何夕，共此灯烛光。"这一切像梦一样不真实。

"少壮能几时，鬓发各已苍。"二十年前的他们，青春无敌，意气风发。可是面前的老友，已不复当年的青春光彩。摇曳的烛光下，面对面的是两位鬓发苍苍的"老人"。

"昔别君未婚，儿女忽成行。"当年离别的时候，卫八处士还是单身的小伙子，如今已经儿女成行。而且，卫八处士不仅自己儒雅博学，调教出来的子女也个个温文尔雅，他们以晚辈之礼，彬彬有礼地接待父亲的朋友，还关心地询问杜甫："怡然敬父执，问我来何方。"先生是从哪里过来的？一路上可还顺利？没有碰到什么麻烦吧？……

《赠卫八处士》之所以能够成为经典，是因为杜甫将一次意外的久别重逢写得荡气回肠、波澜迭起。在这首诗中，有三联诗堪称是这次重逢的三次情绪高潮。

第一次情绪高潮是"访旧半为鬼，惊呼热中肠"。这是杜甫和卫八处士久别重逢后的最初反应。他们已经长达二十年没有见面而且也没有通信往来了："焉知二十载，重上君子堂。"

杜甫和卫八处士二十年后再见，"回忆模式"极其沉重："访旧半为鬼，惊呼热中肠。"按常理推测，四十八岁的杜甫，他的同龄朋友应该也多还在壮年，可是当他们一一提起那些老朋友的名字，发现竟然有一多半不在人世。这就是杜甫和卫八处士共同面对的残酷现实。

"焉知二十载，重上君子堂。"杜甫用"焉知"反问，"我"怎么能想到二十年后，还能来到你家的厅堂？这怎么可能？"我"居然还活着，而你恰好也活着。"重上君子堂",一个"重"字,说明这不是简单的再次相聚,而是九死一生后的再会。

第二次情绪高潮是"夜雨剪春韭,新炊间黄粱"。主要写卫八处士如何款待意外重逢的客人杜甫。韭菜,在古人心目中是春天美味的象征,也是高人雅士人格的象征。"春天剪韭"是朋友邀客、待客、劝客的雅称,表示主人虽然没有山珍海味的奢华,却满是"夜雨剪韭"的真诚与殷勤。

杜甫高兴,一连喝了十大杯:"主称会面难,一举累十觞。"杜甫好喝酒,酒量还特别大:"十觞亦不醉,感子故意长。"一连喝了十大杯,他还没有醉。"一举累十觞"不仅仅反映了他的酒量大,更重要的是反映了他内心汹涌的情感。

第三次情绪高潮是"明日隔山岳,世事两茫茫"。在今晚的畅饮欢聚后,明天一早又要离别。上次一别二十年,相识多年的老友许多都已相继离世,你我的重逢已属万幸;而这次一别,世事难料,命运难测,再见又会在什么时候?诗写到这里戛然而止,好像一记响亮的钟声,震耳欲聋,却又余音袅袅,绕梁不绝。

《赠卫八处士》以久别重逢为主题,是一首友情的赞歌。一路走来的颠沛流离,更让杜甫深深地体会到乱世中友情的无比珍贵与温暖。

延伸阅读

关于"春韭",有一个传说,东汉末年,有一位高士名叫郭泰,一天夜里,好友范逵不期而至,郭泰亲自冒雨剪韭,做成汤饼款待好友。

这个故事后来被载入蒙学读物《幼学琼林》:"冒雨剪韭,郭林宗(郭泰,字林宗)款友情殷。"

自从杜甫用"夜雨剪春韭"来表达好友待客的深挚情谊,此后的诗人词人经常会化用这个典故来表达相近的意思。

例如,南宋末年爱国词人刘辰翁在《摸鱼儿》中说:"君且住,草草留君剪韭。"词中便是用"剪韭"来表达殷勤挽留客人的热忱与诚意。清代龚自珍在给朋友的书信中甚至直接说:"今年尚未与阁下举杯,春寒宜饮,乞于明日未刻过敝斋剪韭小集。"(《与吴虹生书》)意思就是,朋友啊,今年还没和你一起喝过酒呢,早春寒意未除,应该喝上两杯,明天你能不能到我的寒舍来一起"剪韭"小聚一下呢?

一场喜雨

（《春夜喜雨》）

在古人的心目中，人生有四大喜事：久旱逢甘霖，他乡遇故知，洞房花烛夜，金榜题名时。

对于现代人来说，"四大喜事"其实也差不多：久旱逢甘霖说的是季节的风调雨顺，他乡遇故知说的是友情的安慰，洞房花烛夜说的是婚姻的幸福，金榜题名时说的是学业、事业的成功。

看来从古至今，人生的平安喜乐无外乎就是这四大主题。那么，这首家喻户晓的《春夜喜雨》和哪一类喜事有关呢？

春夜喜雨

杜甫

好雨知时节，当春乃发生。
随风潜入夜，润物细无声。
野径云俱黑，江船火独明。
晓看红湿处，花重锦官城。

乃：就。

发生：萌发生长。

潜：暗暗地，悄悄地。这里指春雨在夜里悄悄地随风而至。

润物：使植物受到雨水的滋养。

野径：田野间的小路。

晓：天刚亮的时候。

红湿处：雨水湿润的花丛。

花重（zhòng）：花因为饱含雨水而显得沉重。

锦官城：指成都。

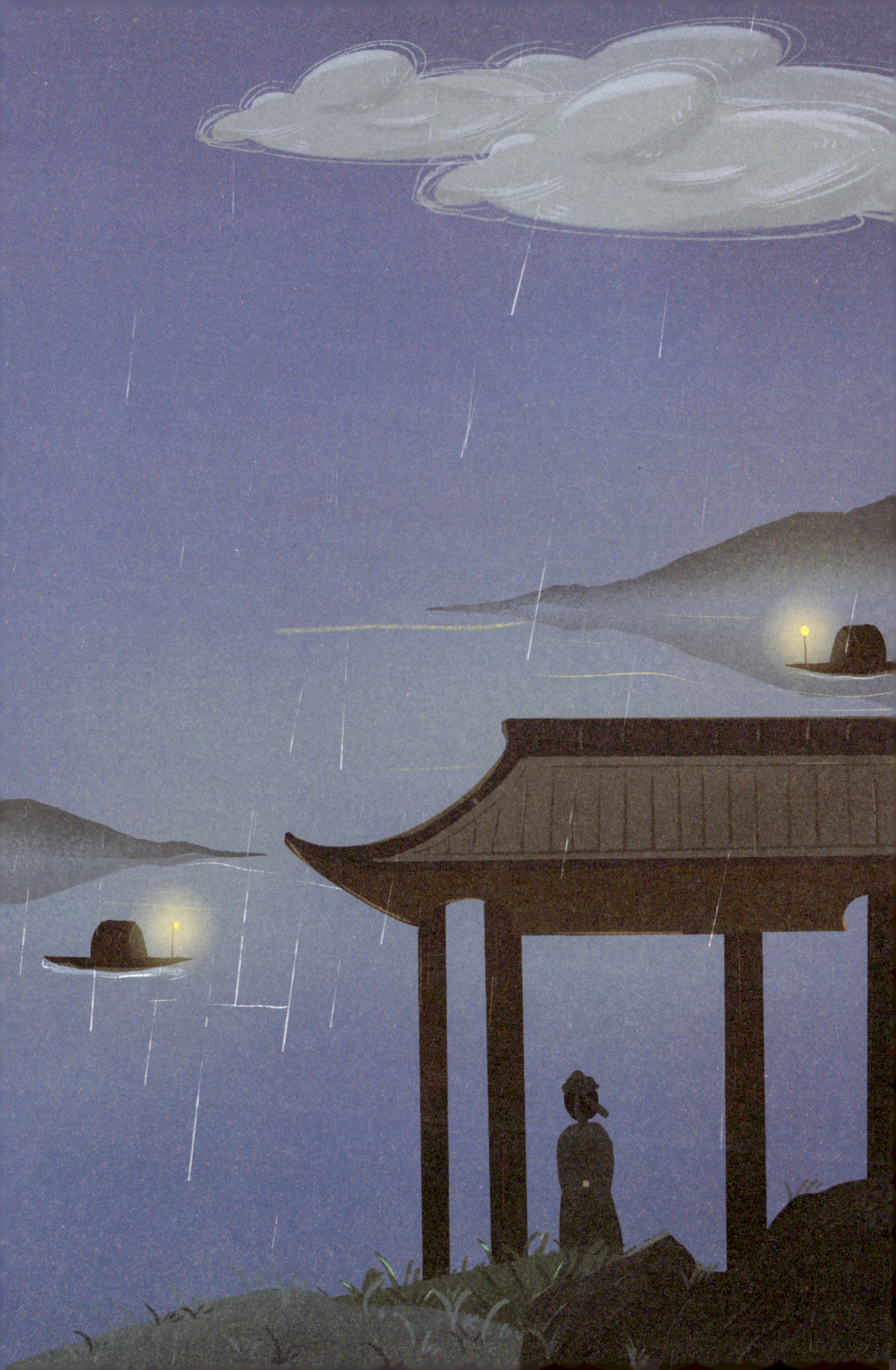

"好雨知时节，当春乃发生。"所谓"春雨贵如油"，尤其是在以农业生产为主要经济来源的地方，一场及时的"好雨"就显得无比重要了。所以，杜甫笔下的"春夜喜雨"，这个"喜"还真不是他一个人的喜事。虽然这个时候的老杜既不是成都的父母官，也不是真正靠天吃饭的农民，但他对风调雨顺像农民一样欣喜。

　　"随风潜入夜，润物细无声。"宁静的夜晚，春雨悄悄滋润着万物，却一点儿都没有张扬、炫耀的意思。

　　"野径云俱黑，江船火独明。"因为下雨，天空中乌云密布，野外的小路似乎像乌云一样黑，同样昏暗的江面上只有船上的灯火透露出一点光明。

　　"晓看红湿处，花重锦官城。"由雨中夜景写到了雨中晨景。夜景之"黑"到晨景之"红"，色彩由暗到亮，看上去只是写了时间和视觉的变化，其实更是杜甫心情的变化。一场善解人意的春雨过后，诗人的心情是那么愉悦，大清早踱出家门，满目所见鲜花盛开，红彤彤、明艳艳的，花瓣上还挂着晶莹剔透的雨珠，将整个成都装点得无比明媚。

　　"晓看红湿处，花重锦官城"两句是整首诗的点睛之笔，再一次呼应了题目的"喜雨"和首句的"好雨"，虽然这两句诗没有一个字写到心情，却让诗人的喜悦心情毫不掩饰地跃然纸上。

延伸阅读

　　古时候,对于地方长官来说,求雨、祈雨是一项非常重要的工作。举个例子,苏轼在当徐州"市长"(知州)的时候,有一次徐州遭遇春旱,苏轼就带领属下专门到石潭祈雨,写下了《徐州祈雨青词》和《起伏龙行》,诗中就说到了徐州大旱的情景:"东方久旱千里赤,三月行人口生土。"(《起伏龙行》)大概真的是心诚则灵,祈雨之后不久,徐州果然普降甘霖,旱情缓解,尤其是农村生活恢复正常,苏轼又专程去石潭举行谢雨的仪式。

　　更有趣的是,苏轼还一连写了五首《浣溪沙》,记录"市长"求雨给老百姓带来的欢乐气氛。村姑们为了围观帅气的"市长"大人,个个打扮得花枝招展,"旋抹红妆看使君",还换上了她们觉得最漂亮的裙子,三三五五地挤在柴门口,你推我搡,连裙子都被踩破了,唯恐自己看不到。村民们也纷纷在土地庙里祭祀谢雨,有个老头儿实在是太兴奋了,不小心喝高了,醉倒在路边——"道逢醉叟卧黄昏"(《浣溪沙》),真是一派质朴而欢乐的景象。

父亲对女儿最深沉的爱

(《送杨氏女》)

在大唐诗坛,你可以跟李白、杜甫一起把酒言欢,跟王维、孟浩然一起游山玩水,跟高适、岑参一起驰骋边塞,跟白居易、刘禹锡一起诗词唱和,或者跟李商隐、杜牧一起谈谈人生。此外还有很多优秀的诗人,可是一旦和他们聚在一起,难免会被他们的光芒所淹没。

韦应物就属于这类诗人。大家公认他的诗写得非常好,他的名字经常被拿来跟那些一流诗人并提。例如,他与王维、孟浩然、柳宗元并称"王孟韦柳"。白居易高度评价他的诗"高雅闲淡,自成一家之体";宋代著名书评家严羽将他与柳宗元的诗体,称为"韦柳体"。但就后世的反响来说,他的影响就没有李白、杜甫、王维等大了。

《送杨氏女》是韦应物写给女儿的一首诗,读这首诗的时候,我甚至会忘了韦应物是一位大名鼎鼎的诗人,只会记得他是一位平凡又慈爱的父亲。

送杨氏女

韦应物

永日方戚戚,出门复悠悠。
女子今有行,大江溯轻舟。
尔辈况无恃,抚念益慈柔。
幼为长所育,两别泣不休。
对此结中肠,义往难复留。
自小阙内训,事姑贻我忧。
赖兹托令门,任恤庶无尤。
贫俭诚所尚,资从岂待周。
孝恭遵妇道,容止顺其猷。
别离在今晨,见尔当何秋。
居闲始自遣,临感忽难收。
归来视幼女,零泪缘缨流。

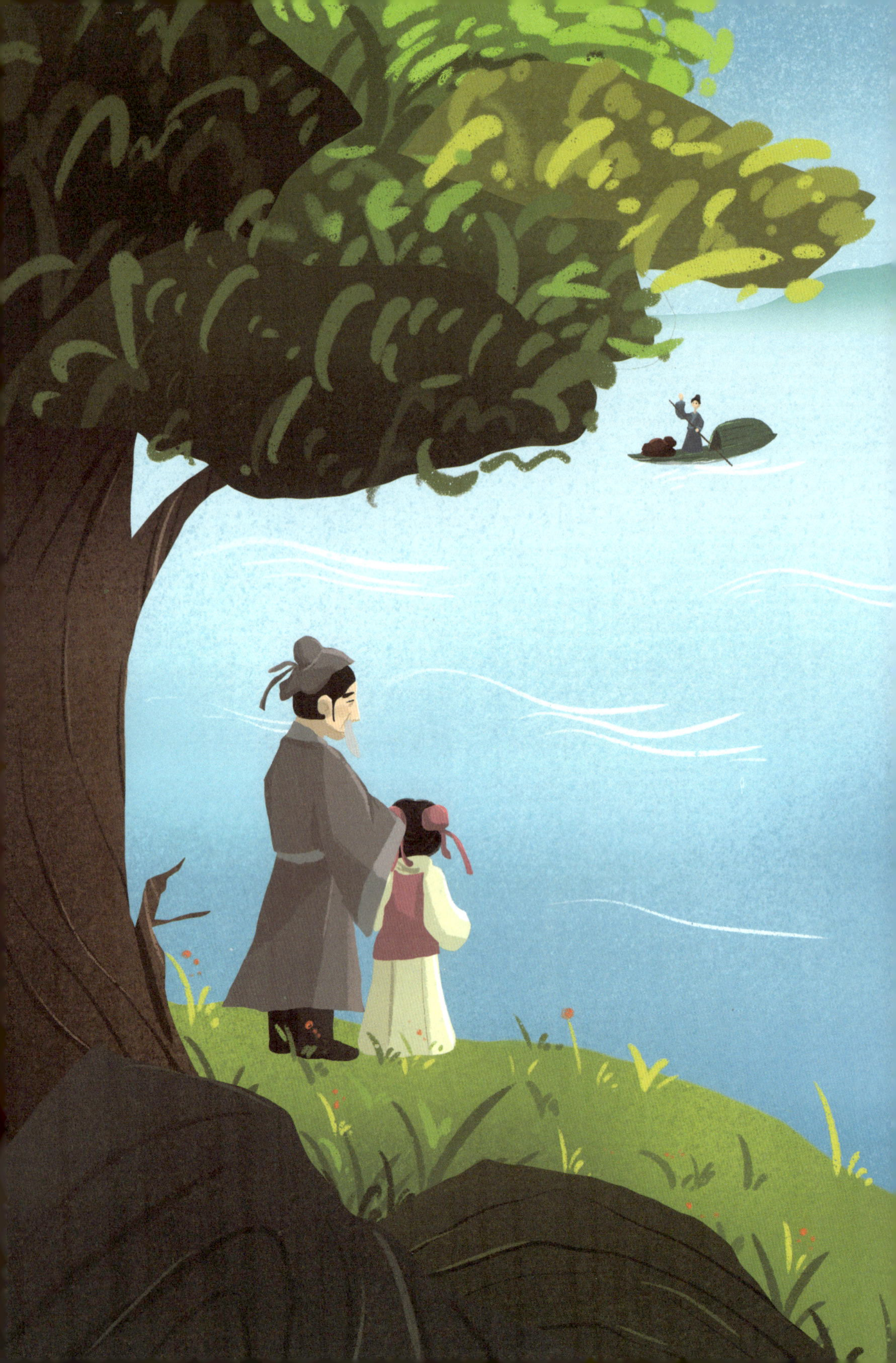

永日：整天。

门：一作行。

行：出嫁。

溯（sù）：逆流而上。

尔辈：你们，指两个女儿。

无恃：指幼时无母。

义往：指女大出嫁，理应前往夫家。

事姑：侍奉婆婆。

贻：带来。

任恤：信任体恤。

庶：希望。

尤：过失。

资从：指嫁妆。

容止：这里是一举一动的意思。

猷：规矩礼节。

零泪：落泪。

缨：帽的带子，系在下巴下。

这是韦应物在送女儿出嫁后写的诗。女儿嫁的丈夫姓杨，所以韦应物才会用"杨氏女"来称呼已出嫁的女儿。

"永日方戚戚，出门复悠悠。"女儿出嫁前父亲已经伤心得不行，到了出嫁的当天，更是千方百计地拖延时间。"悠悠"是忧思绵长的样子。"出门复悠悠"，父亲只想多留女儿一会儿，只想再多看女儿几眼。今天一别，父女从此就是两家人了，想再见一面都很难。

"女子今有行，大江溯轻舟。"女儿今天就要出门远嫁了，她将乘船溯江而上，这一路逆水行舟，她带走的将是父亲一路的牵挂。

"尔辈况无恃，抚念益慈柔。"你们从小就失去了母亲，是父亲又当爹又当娘把你们带大的。

"幼为长所育，两别泣不休。对此结中肠，义往难复留。"母亲去世之后，妹妹就把姐姐当成母亲一般依恋，姐妹情深，又怎么忍心分别呢？然而，女大当嫁，即便父亲再舍不得女儿，妹妹再舍不得姐姐，新娘终究要离开娘家，经历她未知的人生。

"自小阙内训，事姑贻我忧。赖兹托令门，任恤庶无尤。"女儿早年丧母，没有母亲教她如何操持家务、如何与长辈相处，不知道去了夫家之后能不能与婆婆相处融洽，这大概是诗人最担忧的了。但好在，出身书香门第的女婿是他亲自挑选的，想来不会亏待媳妇。

"贫俭诚所尚，资从岂待周。孝恭遵妇道，容止顺其猷。"韦应物平时的生活很简单、很朴素，在这样的家风影响下，女儿也不是那种追求虚荣的浅薄女子。韦家家境并不富贵，再加上母亲早逝，女儿的嫁妆并不丰厚，带的丫鬟随从也不多，父亲一想到这些，难免觉得亏待了女儿，心存歉疚。但父亲依然相信孝顺宽厚的女儿不会在意这些，她嫁到夫家之后，一定能够孝顺长辈，尊重丈夫，善待夫家的姐妹妯娌，仪容举止都能符合大家闺秀的风范，她一定会赢得夫家上上下下的喜爱和尊重。实际上，这是一个父亲的自我安慰。

"别离在今晨，见尔当何秋。"今天送走女儿之后，将来再见一面还不知是何年何月呢！

"居闲始自遣，临感忽难收。归来视幼女，零泪缘缨流。"平时，韦应物是一个淡泊悠闲的人，很会自我排遣，可是长女出嫁却让他的情绪集中爆发，再也无法控制。他久久地站在渡口，目送女儿的"嫁船"遥遥远去，直到消失在视线里，才拖着沉重和忧伤的脚步回到家中，可是看到小女儿哭着要姐姐的模样，父亲忍不住再一次泪如雨下。

一个父亲对女儿最深沉的爱，就是这么矛盾和复杂。他焦急地想为女儿找到最合适的人生伴侣，却又恨不得把女儿永远留在身边，呵护她、宠爱她。

延伸阅读

　　韦应物到底把女儿嫁给了谁？"杨氏女"，既然女婿姓杨，有学者推测他的女儿应该是嫁给了当时有名的才子杨凌。

　　杨凌出身名门，他和两个哥哥杨凭、杨凝并称唐代"三杨"，其中大哥杨凭做过京兆尹，相当于今天的北京市市长。在三兄弟中，杨凌的诗文写得最好，他在大历十一年（776年）中进士，做过大理评事等官职，在中进士六年之后迎娶了韦应物的长女。

　　韦应物的诗集中有不少诗是写给杨凌的，说明他对杨凌非常熟悉，这才放心让女儿远嫁到杨家。而且就在韦家长女出嫁的建中三年（782年），杨凌还专程到韦应物当时住的滁州拜访过这位准岳父，可见杨家对这门婚事也相当重视。

　　杨凌当时的官职应该是正八品上的协律郎，韦应物有一首诗题名为《寄杨协律》，其中写道"远念长江别，俯觉座隅空"。杨凌在京城做官，而韦应物当时的职务是滁州刺史，也就是滁州市（位于今天的安徽）市长，因此，女儿的远嫁才需要从长江逆流而上，这也更让父亲牵肠挂肚。

母亲对儿子最深情的挂念

(《游子吟》)

  关于母爱的话题的确是常说常新,永远都不会过时。不过,从古至今,歌颂母爱的诗篇那么多,甚至可以说从有诗歌开始就有诗人描写母爱了,为什么孟郊的《游子吟》就能一枝独秀,如此深入人心呢?

  我觉得主要有两大原因。第一,他选取了一种最平凡的表达母爱的方式;第二,他通过对比的方式强调母爱的博大,他比较的是母亲对子女的爱和子女对母亲的孝心。

游子吟

孟郊

慈母手中线，游子身上衣。
临行密密缝，意恐迟迟归。
谁言寸草心，报得三春晖。

游子：古代称远游旅居的人。

吟：诗体名称。

临：将要。

意恐：担心。

归：回来，回家。

寸草：小草。这里比喻子女。

心：语义双关，既指草木的茎干，也指子女的心意。

报：报答。

三春晖：春天灿烂的阳光，指慈母之恩。

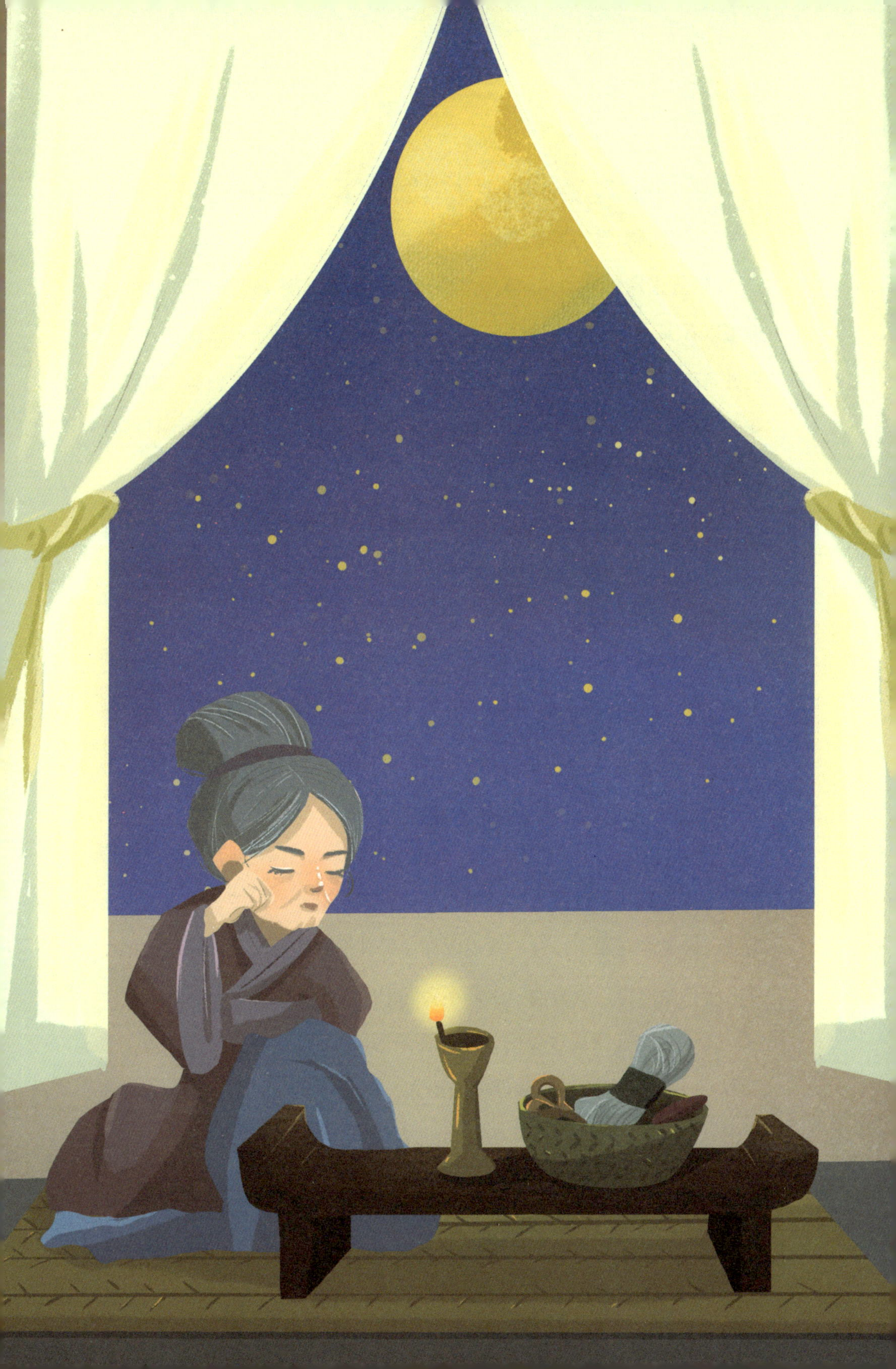

"慈母手中线，游子身上衣。"母亲的形象，在孟郊的笔下浓缩为亲手为儿子缝制衣裳的场景。

"临行密密缝"虽然只有短短的五个字，画面感却非常强。我们好像可以看到，在昏暗的油灯下，一位鬓发苍苍的老母亲正在连夜为儿子缝补冬衣。老人视力已经微弱，她不得不时时地凑近油灯，努力眯起昏花的老眼，将自己对儿行千里的担忧和牵挂，一针一针地缝进那件厚厚的棉布衣裳里。

古代的读书人为了前程不得不奔走四方，或是求学，或是进京赶考，或是到外地做官，或是遭贬谪等，每次一走少则一年半载，多则三年五载，甚至更久。

"临行密密缝，意恐迟迟归。"这句话就是一位老母亲对儿子浪迹天涯、挨饿受冻的担忧，她生怕儿子这一走不知道何年何月才能回来，所以她要赶在儿子出门前，将他一年四季的衣物都准备好，尤其是棉衣。

"慈母手中线，游子身上衣。临行密密缝，意恐迟迟归。"这四句诗看上去好像只写了母亲为远行的儿子缝制衣服这一个场景，但母亲佝偻着腰、眯着老花眼、一针一线迟缓却又极其细致的动作，永远地定格在了儿子的脑海里，成为他一生都不会忘记的深刻画面。

孟郊写这首诗最重要的目的还在最后两句："谁言寸草心，报得三春晖。"用"三春晖"比喻母爱的博大，用"寸草心"比喻儿女的报答之情，核心就在一个"报"字。

这首诗最难得的不是歌颂母爱，而是表达了孩子对母亲的感激与回报。因此，"谁言寸草心，报得三春晖"用反问的语气，用比喻和比较的形式升华了赤子之心的炽热：母爱就是春天无私的阳光，博大而温暖；子女就是沐浴在阳光下的小草，"小草"很想报答母亲，可是"寸草心"和伟大的母爱比起来，能力实在是太有限、太渺小了，又如何能够报答母爱的万一呢？当然，虽然儿女的"寸草心"确实很微薄，哪怕竭尽全力也不能报答母爱的万一，但毕竟这绵绵寸心也是发自肺腑的，也是对"阳光"最好的感恩与安慰。

"谁言寸草心，报得三春晖。"我想，这两句应该还包含了孟郊对老母亲的无比愧疚之情吧。他半生沦落，如果不是老母亲一直在鼓励他，他可能早就放弃了，五十岁之后他才真正有了奉养老母亲的能力。当然，对于老母亲而言，儿子是不是当了大官并不重要，重要的是，儿子知道对老母亲最好的回报，就是子女贴心的陪伴。

延伸阅读

  孟郊出身贫寒，父亲不过是一个小吏，收入寒微，多亏了母亲勤劳贤惠，才勉强支撑起一家人的衣食。懂事的孟郊从小就知道"悬梁刺股"的故事，用寒窗苦读的方式充实自己。可是，命运似乎一直在捉弄他，一直到四十一岁，孟郊才获得在故乡湖州举乡贡进士的机会，并赴京应进士试。贞元八年（792年），韩愈和孟郊同一年参加进士试，命运再一次和孟郊开了个残忍的玩笑——二十五岁的韩愈高中进士，四十二岁的孟郊却名落孙山。

  回到故乡的孟郊十分消沉，细心的母亲察觉到了儿子所受的打击，她没有唠叨指责，而是尽量为儿子做几顿可口的饭菜，在儿子挑灯夜读的时候为他的杯中续上热水，母亲无声的照顾如春天的阳光一样，暖暖地洒在他的心上。

  功夫不负有心人，几经坎坷之后，四十六岁那年，孟郊终于考中了进士。那两句非常著名的"春风得意马蹄疾，一日看尽长安花"（《登科后》），就是出自孟郊笔下。然而考中进士并不意味着马上就能做官，还需要经过吏部的选拔考试，还得排队等职位安排。在等待的过程中，孟郊依然囊中羞涩，不要说奉养老母亲，连自己的生活都没有着落，他不得不再次远行，为生计而奔波。

唐贞元十六年（800年），五十岁的孟郊在辗转奔劳之后，终于获得溧阳（今江苏常州）县尉的任命，主管一县治安。

虽然只是一个九品的小官，但这毕竟是孟郊的人生转折，他在半辈子的漂泊之后，总算是有了一个安身的地方，有了固定的可以勉强糊口的俸禄。所以，就在他到溧阳上任的第一年，他第一时间回到了老家，将母亲接到身边奉养。这首《游子吟》就是孟郊奉请老母亲去溧阳居住时写下的。

一封浪漫的邀请函

(《问刘十九》)

《问刘十九》是一首独一无二的经典诗，而且这首诗在现实生活中还特别具有"使用价值"。

这首诗虽然特别短，却蕴含了两大经典魅力。首先，它是描写深厚友情的经典；其次，它是表达浪漫邀请的经典。这两大魅力初听起来似乎并没有什么与众不同之处，比如说，从古至今描写友情的作品那么多，《问刘十九》凭什么跻身于友情经典的范畴呢？又为什么每到冬天我们就会想起它呢？

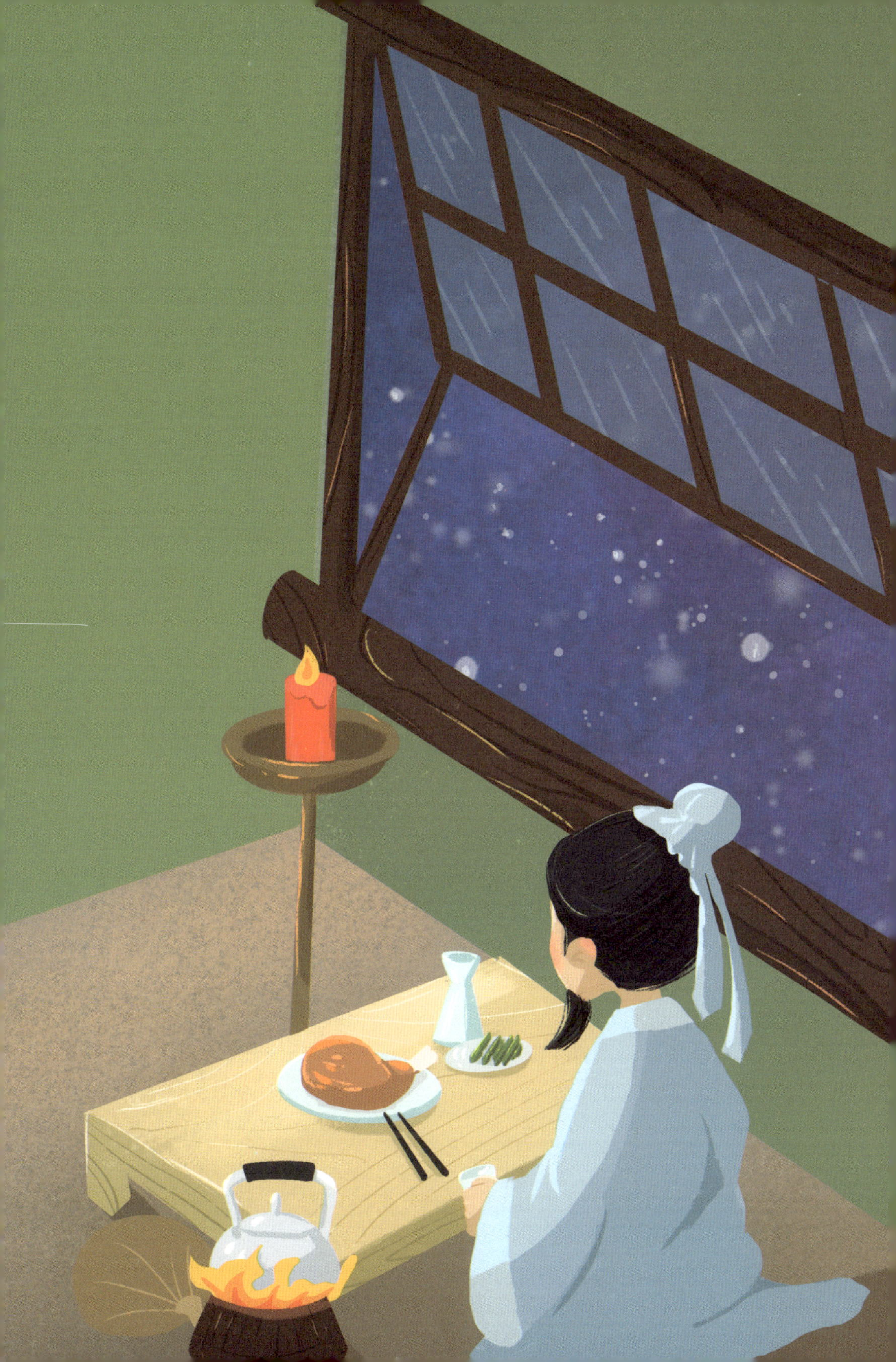

问刘十九

白居易

绿蚁新醅酒,红泥小火炉。
晚来天欲雪,能饮一杯无?

刘十九:嵩阳处士,名字未详。

绿蚁:指浮在新酿的没有过滤的米酒上的绿色泡沫。

醅(pēi):酿造。

雪:下雪,这里用作动词。

无:表示疑问的语气词,相当于"么"或"吗"。

"绿蚁新醅酒，红泥小火炉。"这两句诗写得真是又美丽又温暖。首先是颜色美，"绿蚁"对"红泥"，一绿一红，色彩对比鲜明。"绿蚁"指酒面上浮起的绿色泡沫，说明酒是新酿出来的，泡沫的颜色是像春天一般嫩嫩的绿色，细细的如同小蚂蚁，所以是"绿蚁新醅酒"。

好酒要温着喝，所以紧接着对"红泥小火炉"，用"红泥"铸成的火炉，已经烧得旺旺的。通红的炉火衬托着碧绿的新酒，还有热腾腾的蒸汽弥漫开来，驱散了冬夜的寒冷。

那么，这幅美丽的画面又如何体现出友情的温暖呢？请注意两个字，一个是"绿蚁新醅酒"的"新"字，一个是"红泥小火炉"的"小"字，深厚的朋友之情就蕴含在这两个字里。我们一般都认为酒越陈越香，尤其是高度白酒，动不动就说几十年陈酿。可是唐朝时还没有我们现在的蒸馏酒，所以讲究喝新酒。穷人家有时没有足够的粮食酿新酒，才会凑合着喝陈酒。而白居易写"绿蚁新醅酒"，当然不是为了炫富，而是满含了用新酒款待客人的诚意。"小"字明确透露出这是一个非常小型而私密的聚会，"红泥小火炉"似乎更适合两三密友的小酌对谈。而诗名为《问刘十九》，说明主人只有白居易，客人只有刘十九。这样的情意和诚意，如果你是刘十九，会不会拒绝呢？

肯定不会！看来，真正让人无法拒绝的邀请，不在于你设宴的场所有多么奢华富丽，准备的酒菜有多么高档昂贵，而在于你是否肯在细节上用尽心思。

"晚来天欲雪，能饮一杯无？"别说是下雪了，就算是下冰雹，刘十九也会去赴约的，而且白居易也非常坚定地相信，刘十九绝对不会拒绝他。

雪还没有开始下，酒还没有开始喝，而"我"，守着滚烫的红泥小火炉，还在安静地等待。一想到朋友正在赶过来的路上，心里就满是暖暖的感动。

延伸阅读

除了这首《问刘十九》之外，白居易同时期的一些诗里也写到了刘十九。例如《刘十九同宿》："唯共嵩阳刘处士，围棋赌酒到天明。"看来这位刘十九没有做过官，所以被称为"处士"。以一介布衣身份，却能得到白居易的倾情相待，二人甚至常常通宵在一起下棋、饮酒，醉了、困了就同睡一张床，这交情非同一般，也说明刘十九绝非一般的俗人。

有一次，刘十九约白居易同游庐山的东林寺、西林寺，可是不巧遇到下雨，山路泥泞不好走，白居易路上耽搁了，等他赶到的时候，已经比约定时间晚了许久，刘十九以为白居易来不了，只好遗憾地先行离开了。而白居易自然是扑了个空，于是写了一首题目很长的诗——《雨中赴刘十九二林之期及到寺刘已先去因以四韵寄之》，诗中说："才应行到千峰里，只校来迟半日间。最惜杜鹃花烂漫，春风吹尽不同攀。"遗憾之情溢于言表。

在白居易人生最低谷的时期，刘十九成了他最信赖、最亲密的知己之一，所以白居易想下棋的时候会邀请他，想爬山的时候会邀请他，想赏花的时候也会邀请他，孤独的时候会想起他，热闹的时候也不会忘了他，当然，想喝酒的时候更要邀请他。人在患难的时候，还能有这样一位不离不弃的朋友始终陪伴在身边，这是多么珍贵的友情啊！

一封低调的自荐信

(《闺意上张水部》)

我们不妨想一下,要向别人推荐自己,尤其是向职位比自己高、资历比自己深、社会影响比自己大的领导或前辈推荐自己,并且还希望获得对方的赏识和提拔,这封自荐信应该怎么写呢?

你一定想,那当然是要么高调,将自己的能力、特点充分地凸显出来,要么谦虚,给对方留下一个虚心谦逊的好印象。当然了,如果能做到既高调又不失谦虚,那就太完美了。

《闺意上张水部》不仅是一首别有情趣的诗,也是一封自荐信。

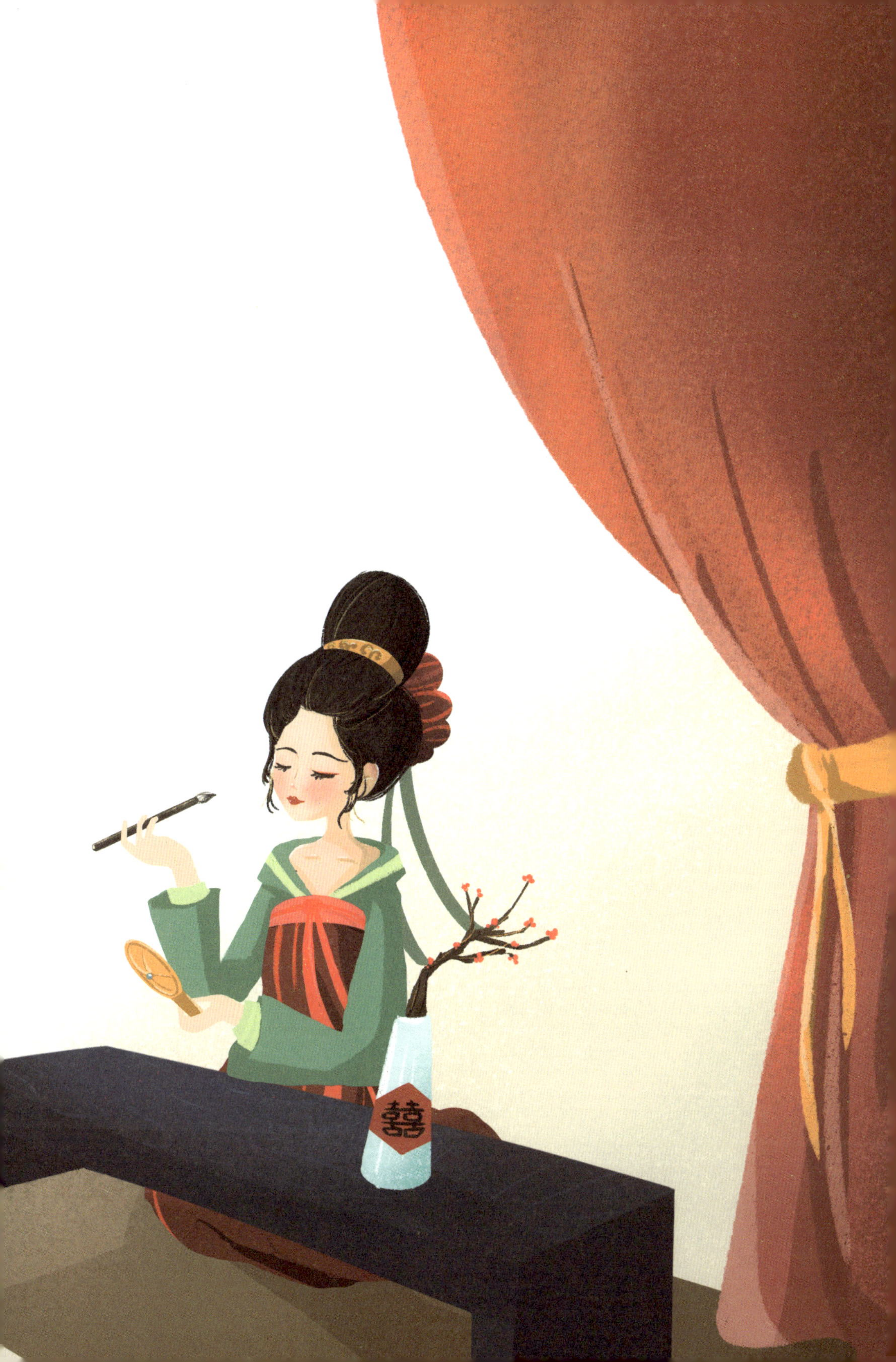
囍

闺意上张水部

朱庆馀

洞房昨夜停红烛，待晓堂前拜舅姑。
妆罢低声问夫婿，画眉深浅入时无？

水部：水部司，官署名。

停红烛：让红烛通宵点着。

舅姑：公婆。

深浅：浓淡。

入时无：是否时髦。这里借喻文章是否合适。

"洞房昨夜停红烛，待晓堂前拜舅姑。"新婚的第二天早上，新娘早早地起了床，梳妆打扮一番后要去拜见公公婆婆了。可她毕竟昨天才嫁过来，还不知道公婆是什么样的人呢，他们对自己这个新儿媳妇会不会满意呢？第一印象太重要了！新娘内心实在忐忑不安，想来想去，还是新婚丈夫最了解他的父母。

"妆罢低声问夫婿，画眉深浅入时无？"她使出浑身解数，精心地化好妆，对着镜子前前后后看了很长时间，直到确信自己的妆容不妖艳、足够美丽大方，才款款走到丈夫面前，低声羞涩地问道："夫君，你看我的眉毛浓淡画得可还时髦吗？"

这真是一幅情意婉娈（luán）的新婚场景，诗的内容虽然简单，但是我们完全想象得到，新娘的忐忑不安中也暗含着对自己美貌的自信。可自信归自信，毕竟长辈的眼光可能会不一样，何况萝卜白菜各有所爱，不是所有的自信都能得到别人的赏识，所以新娘子的害羞和紧张也合情合理。

这首诗还有另外一个题目叫作《近试上张籍水部》，也就是临近考试的时候，朱庆馀作为考生，呈献给张籍的行卷，希望获得张籍的欣赏甚至推荐。这就属于典型的自荐信了。

这首诗里那位羞羞答答的新娘，其实就是朱庆馀自己。朱庆馀自比新娘，把张籍比作新郎，把主考官比作公公婆婆。朱庆馀才华横溢，学识渊博，就好比天生丽质又经过了精心装扮的新娘，他完全有资格充满自信，但是能够决定"她"命运的毕竟是"公公婆婆"（主考官），"她"

的容貌、气质、品性能不能得到"公婆"的认可才是最重要的。而这个疑问，只有既了解"新娘"，又了解"公婆"性格的"新郎"，也就是张籍，才有资格回答。

因此，这首诗表面上是漂亮的新娘问新郎："画眉深浅入时无？"你觉得我好看吗，时髦吗？其实就好像学生写了一篇自己很满意的作文，但还是要去问问老师的意见，您看我写得怎么样呢？符合您的要求吗？不得不说，朱庆馀的才华，实在是高！

这是一封多么风情万种又令人无法拒绝的自荐信啊！

延伸阅读

大家对朱庆馀也许不太熟悉，因为无论是在大唐诗坛，还是在大唐政界，这个名字都不是那么响当当，但其实在当时，朱庆馀是相当有名的一位诗人。他是越州人（今浙江绍兴），典型的江南才子，唐宝历二年（826年）进士，被授予秘书省校书郎的官职。

作为一名外乡人，通过科举的道路，从秘书省校书郎的低级职位做起，然后一步步晋升，如果能够做到五品官员，就算是相当成功了。

在唐朝，读书人考中进士，经过吏部的人才选拔后，通常从九品官做起。唐朝的官员工作服和官阶是相匹配的，三品以上的文武官员穿紫色、四品穿深红色、五品穿浅红色、六品穿深绿色、七品穿浅绿色、八品穿深青色、九品穿浅青色。

如果一个官员，从浅青色的九品官服穿起，能够换到红色的五品官服，那就相当不错了，所以古人以"着绯"，也就是穿上红色官服表示当了中级以上的官员，这就算是成功人士的象征了。

作为一名没有特殊背景的外乡人，要想在长安出人头地，难度可想而知。但朱庆馀很幸运，他的才华受到了著名诗人张籍的赏识。

据说，张籍在一次偶然的机会读到了朱庆馀的诗，十分惊艳，于是托人到处搜集朱庆馀新写的诗，又从中精挑细选了二十多首最心仪的作品，天天带在身边吟诵，还逢人就夸。张籍那个时候已经是文坛领袖之一，他如此看重一个青年人，朱庆馀的才名也就不胫而走了。

"扬州梦"的代言人

(《赠别二首·其一》)

对于"春风十里"这个词语,你首先会想到什么呢?是微风和煦的春天,是烟雨凄迷的江南,还是令人如沐春风的一种性格气质?

其实怎么想都不算错,因为"春风十里"既可以形容季节,也可以形容风景,还可以用来形容人的气质性格,但我们也许更想知道,"春风十里"最初是用来形容什么的。这就要说到这个词的原始出处,晚唐诗人杜牧的《赠别二首·其一》了。

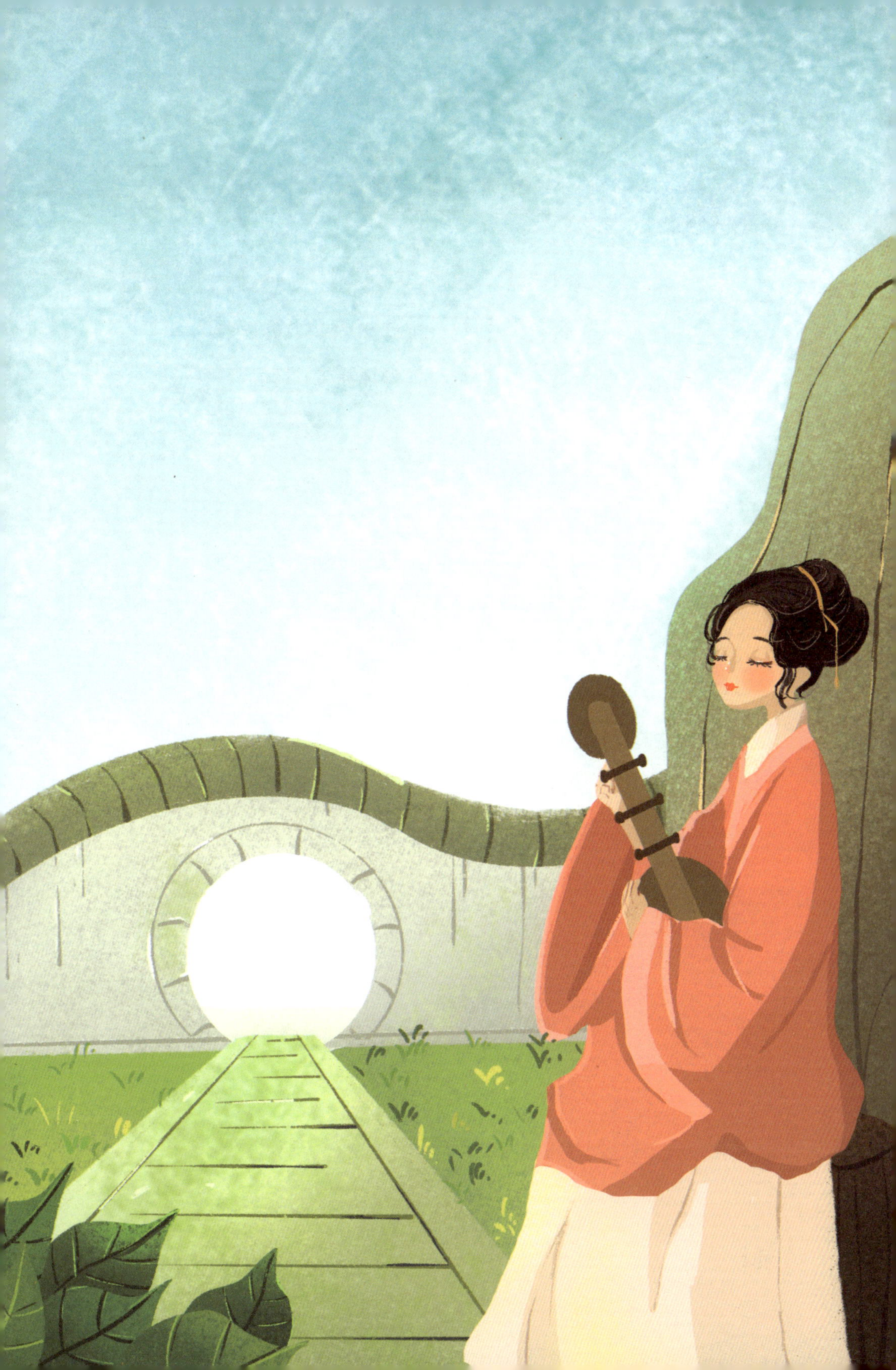

赠别二首·其一

杜牧

娉娉袅袅十三余,豆蔻梢头二月初。
春风十里扬州路,卷上珠帘总不如。

娉娉袅袅:形容少女苗条婀娜的身姿、轻柔美好的体态。
豆蔻:一种植物,比喻未婚的青春少女。

这是一首很美的诗，它的美主要体现在三个方面，即容颜美、城市美、情感美。

首先，这首诗里的容颜美。

"娉娉袅袅十三余"，"十三余"倒不一定非要理解为正好十三岁，也可以理解为十多岁。既然这是少女的花样年华，那么杜牧就要用花儿来形容少女的美貌了。"豆蔻梢头二月初"，这样年华的女孩儿好比二月初开的红豆蔻，含苞待放。

"豆蔻梢头二月初"，这首诗到处都是一语双关，"二月"正值仲春季节，一年当中最美丽的时光，不仅指豆蔻的花期，还暗喻少女最好的青春。

"娉娉袅袅十三余，豆蔻梢头二月初。"这两句诗用比喻的手法，为我们塑造了一位容颜清丽、体态婀娜、含情脉脉的美少女形象。

其次，这首诗里的城市美。

"春风十里扬州路"，原来，这是江南名城扬州"出产"的美少女。这首诗表面上是写扬州城中繁华的十里长街，因为这里是商界巨头、名士才子和扬州美女最为集中的地方，但杜牧的真正关注点不是商业，也不是才子，而是佳人。因此，"春风十里"在这里并不是实指春天的和风，而是说扬州如云的美女，如柔和旖旎的春风般抚慰着游子孤独寒冷的心。

但杜牧真的只是想写扬州城美女如云，让他乐不思蜀吗？当然不是。杜牧想说的是，他虽然曾经风流浪荡过，但恰恰扬州留下了他的一段真情。

最后,这首诗里的情感美。

"春风十里扬州路,卷上珠帘总不如。"既然"春风十里"暗指扬州美女如云,那么"卷上珠帘总不如"就特指如云美女中最美的那一个了。别看繁华的十里扬州路,不知隐藏着多少令人向往的"珠帘","珠帘"后又不知隐藏着多少环肥燕瘦的美女,可所有这些美女若是卷起珠帘来,和杜牧心仪的那位少女比较的话,肯定都会自惭形秽。

"卷上珠帘总不如",为了突出一个人无与伦比的美,而不惜压低其他的扬州美女,这真是杜牧别出心裁的创举。

我们并没有亲眼见到这位少女,也没有照片能够留下她的绝世容颜,但我们完全能够理解这位少女在杜牧情感生活中的分量——其实她是不是比所有美女都更美并不重要,最重要的是,她在杜牧眼中是最美的女子。

延伸阅读

杜牧出身于长安的名门世家,他和杜甫都出自京兆杜氏的高门贵族。杜牧和杜甫拥有共同的祖先——西晋名将、著名学者杜预,杜牧是杜预的十六代孙,杜甫是杜预的十三代孙。

杜牧的祖父杜佑，历经唐德宗、顺宗、宪宗三代皇帝，官居宰相，杜佑还是唐朝著名的历史学家，著有《通典》两百卷。杜牧著有文集《樊川文集》，"樊川"是长安城南边一条小河的名字，杜家的别墅就建在这里。杜牧八岁的时候，他的祖父杜佑在樊川别墅大宴宾客，当时的皇帝唐宪宗还专门派近身太监来赏赐酒菜，可见皇帝对杜家的恩宠。

杜牧的少年时代，就是在这样的钟鸣鼎食之家度过的。在杜佑的众多儿孙之中，被公认为最有祖父遗风、最能继承渊源家学的，就是孙子杜牧。用时髦词"高富帅"来形容杜牧，是一点儿都不夸张。

可是，长得好看不"可怕"，长得好看还出身名门也不"可怕"，最"可怕"的是长得好看、出身名门却还那么努力，非要把自己从"偶像派"变成"实力派"，杜牧就是这种让人觉得"可怕"的"颜值担当""家世担当"加"实力担当"，明明可以靠颜值，却偏偏要跟人拼才华。

最应该珍惜的是当下

(《金缕衣》)

《金缕衣》的作者仅凭这一首诗流传后世，而且这首诗的作者还有一定的争议，只不过，按照《唐诗三百首》的署名，我们一般认为作者是杜秋娘。杜秋娘也是唯一一位有作品入选《唐诗三百首》的唐代女诗人。

唐元和年间的一天傍晚，镇海节度使李锜忙完公务回到家中。李锜是唐高祖李渊祖父李虎的八世孙，他野心勃勃，偷偷招兵买马，暗存割据谋反之心；而且他生活奢侈，闲时喜欢听曲解闷，府中不乏能歌善舞的侍妾歌女，杜秋娘就是其中颇为出色的一位。

金缕衣

杜秋娘

劝君莫惜金缕衣,劝君惜取少年时。
花开堪折直须折,莫待无花空折枝。

金缕衣:缀有金线的衣服,比喻荣华富贵。

惜:一作须。

花开:一作有花。

堪:可以,能够。

直须:不必犹豫。直:直接,爽快。

莫待:不要等到。

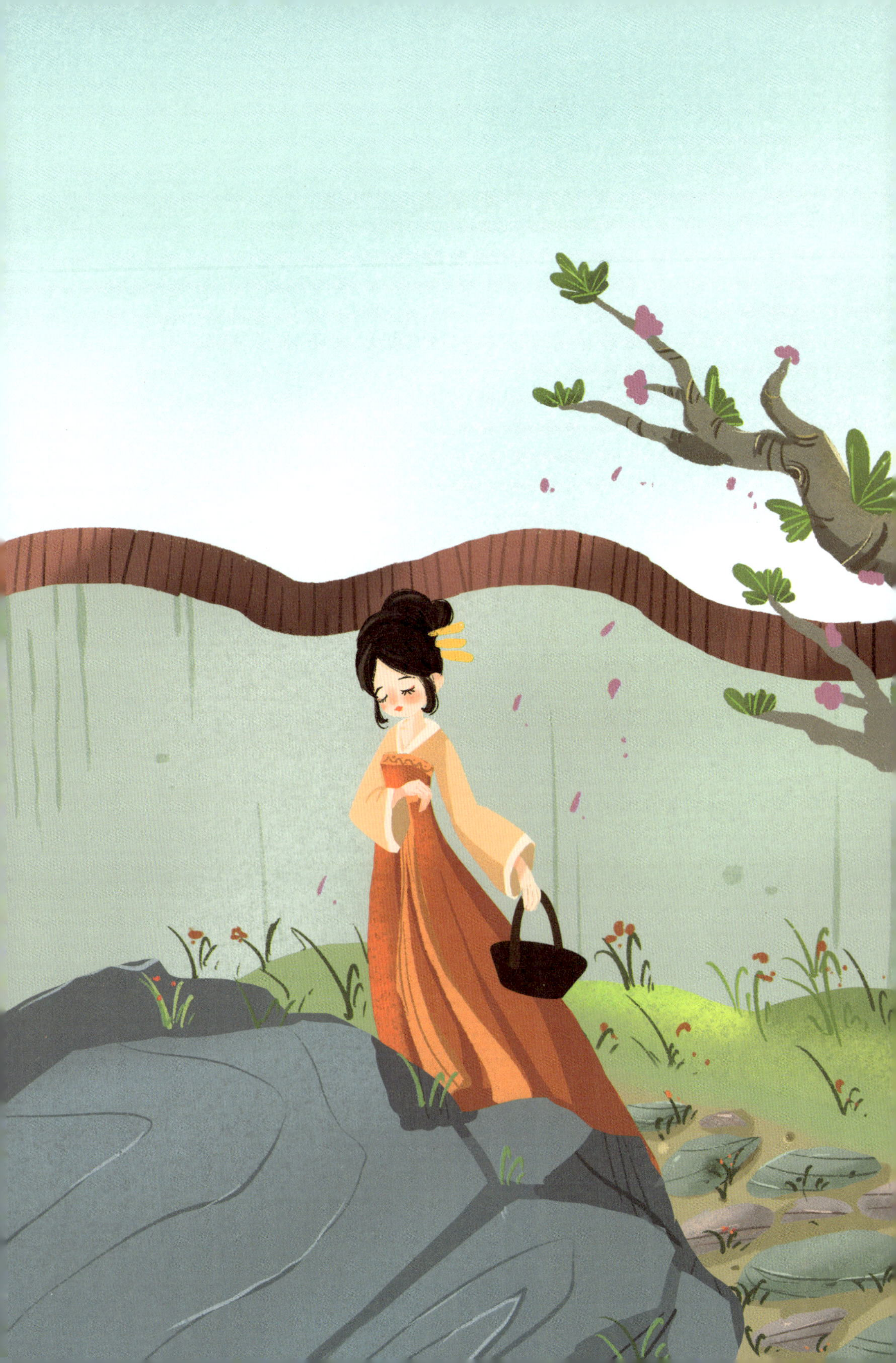

"劝君莫惜金缕衣,劝君惜取少年时。"这首诗一开头就不落俗套,通过一抑一扬表达了鲜明的态度——抑的是世俗中看重的富贵钱财,扬的是最容易被人忽略的时间。世上还有什么东西能比时间更珍贵呢?

"花开堪折直须折,莫待无花空折枝。"古人常常用"花"形容女性,花的盛开象征着女性的青春美貌,花的枯萎、凋零则往往被用来比喻女子的容颜衰老。因此,这两句诗听起来仿佛是女性自怨自艾的心曲:我的青春美貌就像鲜花盛开,花期短暂,你可得及时将它采摘,别等花都凋谢了,就只能折取空空的花枝,那时,你可要后悔莫及了……

这首《金缕衣》还有三方面的艺术价值。

第一,以实衬虚,以具体可见可感的金缕衣衬托抽象的青春年华,通过虚实对照,来突出时间的宝贵。

第二,以花喻人,尤其是以花开花落,来比喻青春年华的到来与逝去。

第三,因为杜秋娘是一位女性诗人,所以这首诗还反映了中国古典诗歌的一个常见现象——将落花与伤春、惜春的情感联系在一起,又将惜春和伤春的情感与女性的爱情理想联系在一起。

这首《金缕衣》有助于人们理解"珍惜"的含义。有些话一旦错过时机,就可能没机会再说;有些人一旦错过,就可能没机会再见;有些事一旦错过,就可能成为永远不能弥补的遗憾……所以,我们最应该做的,就是珍惜当下。

延伸阅读

《金缕衣》曾是李锜最爱听也最爱唱的一首歌,杜秋娘是李锜最为赏识和看重的女子之一。每遇府中宴请宾客,他必让杜秋娘在酒宴上演唱。然而,好景不长,李锜起兵谋反遭到朝廷镇压,家眷被没入官廷,杜秋娘也成了地位卑贱的官女。

然而,杜秋娘以其出众的才华,在美女如云的后宫中脱颖而出,一度成为宪宗的宠妃。元和十五年(820年),宪宗被宦官谋杀后,杜秋娘又得到穆宗的欣赏,被任命为皇子李凑的傅姆,专门负责教育、辅导李凑。

晚唐的政治局势波谲云诡,宦官专权,不仅皇帝被玩弄于宦官权臣的股掌之中,毫无人身安全可言,颇得众望的漳王李凑也被诬告谋反,杜秋娘随之被削籍为民,回到金陵终老。

有趣的灵魂万里挑一

(《新添声杨柳枝词二首·其二》)

  如果有人问我，最愿意和什么样的人做朋友，我的答案是和"三有"的人做朋友，"三有"是有情、有义、有趣。我想很多人应该会赞同吧。

  有情有义很好理解，这应该是交朋友的基本标准；而有趣，可能就是比较高的标准了。

  一个有情有义还有趣的朋友真的是可遇而不可求。有一句很流行的话："好看的皮囊千篇一律，有趣的灵魂万里挑一。"那么，有趣的灵魂应该是什么样子的呢？可能每个人心里的答案都千差万别。

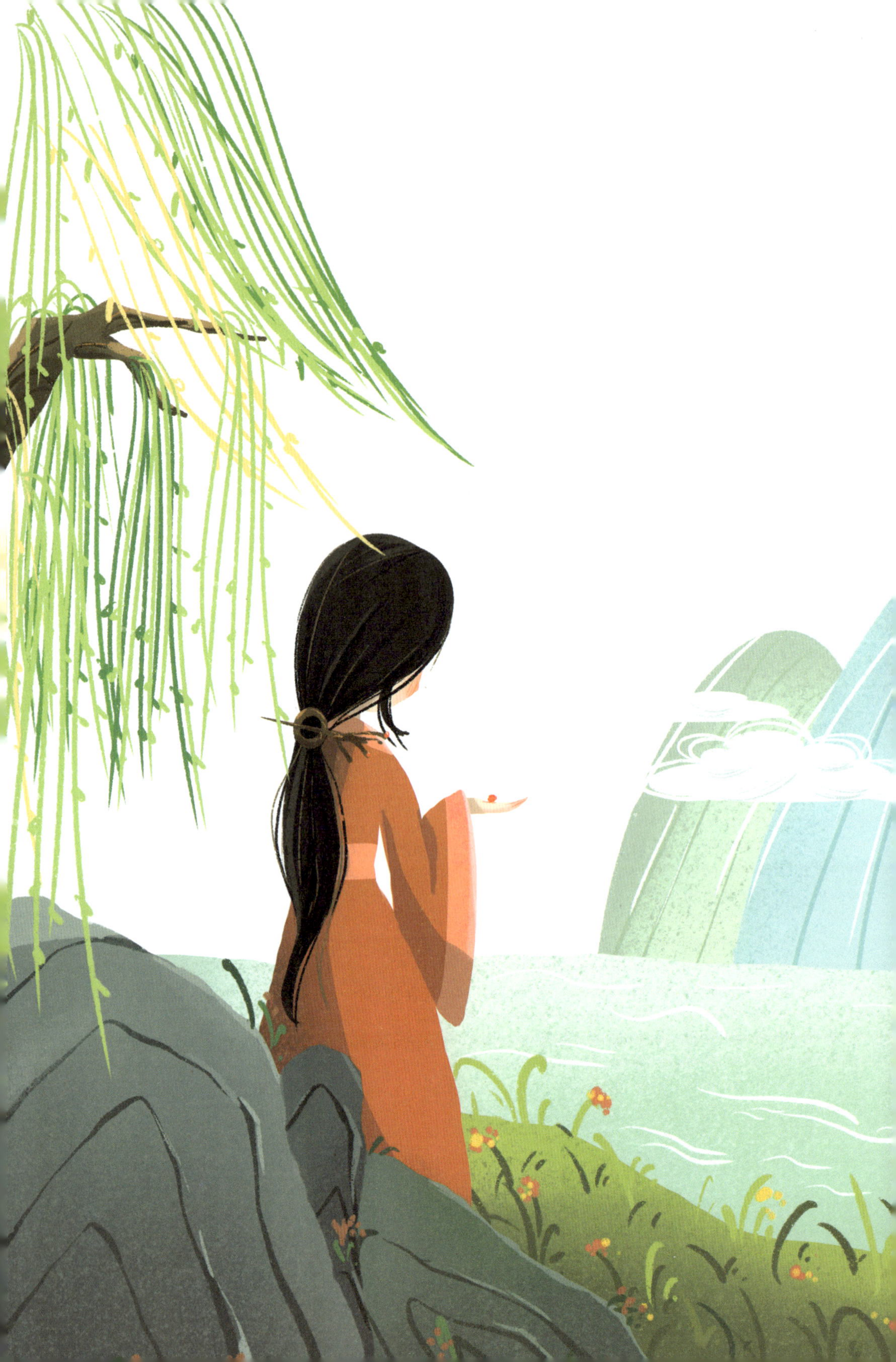

新添声杨柳枝词二首·其二

温庭筠

井底点灯深烛伊，共郎长行莫围棋。
玲珑骰子安红豆，入骨相思知不知。

杨柳枝：唐代教坊曲，用作词调。

添声：音乐术语，即在原来旋律的基础上进行一些改编，例如增加歌词的字数或者增加若干音节，旧曲就变成新声了。

共：介词，犹同、跟。

玲珑：精巧貌。

"井底点灯深烛伊",我们可以把它当成一个歇后语拆开来理解,歇后语的前半部分,即谜面是"井底点灯",后半部分的谜底则是"深烛伊"。"蜡烛"的"烛"谐音"嘱咐"的"嘱","伊"就是他的意思。"深嘱伊"就是深深地再三叮嘱他。

"共郎长行莫围棋"是叮嘱的具体内容。"长行"是古代棋盘游戏的一种,大概的玩法是先掷骰子,棋子的移动以骰子的点数为准,第一个把所有棋子都移出棋盘的就是胜利的一方。"长行"的本义是一种棋局——长行局,可是"长行"从字面上又可以引申出远走高飞的意思。这句诗同样可以拆分成一个歇后语的前后两部分,"共郎长行"是歇后语的谜面,谜底则是后面的"莫围棋",这里"围棋"的谐音是"违期",错过约定的日期。所以意思就是我要和你一起远走高飞,千万莫要错过约定的时间啊!

第一句"井底点灯深烛伊",以女子的口吻领起整首词情节的推进,后面三句都是女子嘱咐的内容,而且词面全部采用下棋游戏的术语,"长行""围棋""骰子",通过谐音的方式,一语双关地引出女子对男子生死相许的爱与刻骨铭心的相思。

"玲珑骰子安红豆",为什么要把红豆安在骰子上呢?"骰子"是一种游戏工具,表面一般是白色的,上面刻的点一般为红色,所以作者其实是把骰子上的红点比作了红豆,而玲珑指的是骰子那种晶莹明亮的质地。

这首词处处都在用隐语的形式跟我们猜谜语。"玲珑骰子安红豆"

必须和下一句"入骨相思知不知"联系起来读，才能够读懂词人用心良苦的安排。"骰子"的"骰"的偏旁，是骨头的"骨"。这说明古代的骰子是用骨头做的，红色的点深深地嵌入骰子，以此来比喻入骨的相思。

幽默的外在表现形式，其实需要两大修养作为内在底蕴来支撑，那就是才华和善良。相思是一种"病"，而幽默就是治"病"的良药。

延伸阅读

温庭筠的《新添声杨柳枝词二首·其一》也是经典名作：

一尺深红胜曲尘（胜：一作蒙），天生旧物不如新。
合欢桃核终堪恨，里许元来别有人。

这首词同样运用了谐音，"一尺深红"指的是荷花，"曲尘"指酒曲上生的菌，颜色淡黄，这里代指柳叶。"一尺深红胜曲尘，天生旧物不如新。"这两句说的是柳枝柳叶是旧物，不如荷花新艳。

"桃核"是由两半合起来的，所以叫"合欢桃核"。而"里许元来别有人"的"人"和桃仁的"仁"谐音，暗喻对方心中已经另有意中人。"合欢桃核终堪恨，里许元来别有人。"这真是让人无比遗憾和痛苦的事儿，原本以为两个人心心相印，就像桃核的两半一样天衣无缝地紧紧贴合在一起，没想到桃核里面居然还有核仁——他心里早就有了别人。这两句用桃核的形状，来表达一份"迟到的爱"，抒发失恋的遗憾，真是绝妙的比喻。

认真的态度比什么都重要

(《夜雨寄北》)

在我心目中,一个人要想当得起"情圣"的称号,必须满足两大条件。

第一个条件,当然是他能写出最感人的爱情诗。这一点,李商隐当之无愧,他有太多的爱情金句直到现在还活跃在我们的语言中,比如"春蚕到死丝方尽,蜡炬成灰泪始干",比如"相见时难别亦难,东风无力百花残",比如"身无彩凤双飞翼,心有灵犀一点通",比如"此情可待成追忆,只是当时已惘然",比如"春心莫共花争发,一寸相思一寸灰",比如"神女生涯原是梦,小姑居处本无郎"……

第二个条件,是他的爱情观和爱情经历,必须对得起这个称号。所谓的"情圣",并非要求一个人一生只能爱一个人,而是要求他对待爱情自始至终都极其认真，对自己、对爱人、对爱情都抱着非常负责任的态度。

在我看来，李商隐正是满足了这两大条件的唐代诗人中的"情圣"。不过，我和大家分享的这首诗，却是一首最不像爱情诗的爱情诗——《夜雨寄北》。

夜雨寄北

李商隐

君问归期未有期，巴山夜雨涨秋池。
何当共剪西窗烛，却话巴山夜雨时。

寄北：写诗寄给北方的人。

君：对对方的尊称，等于现代汉语中的"您"。

归期：指回家的日期。

巴山：指缙云山，在陕西南部和四川东北部交界处。这里泛指巴蜀一带。

何当：什么时候。

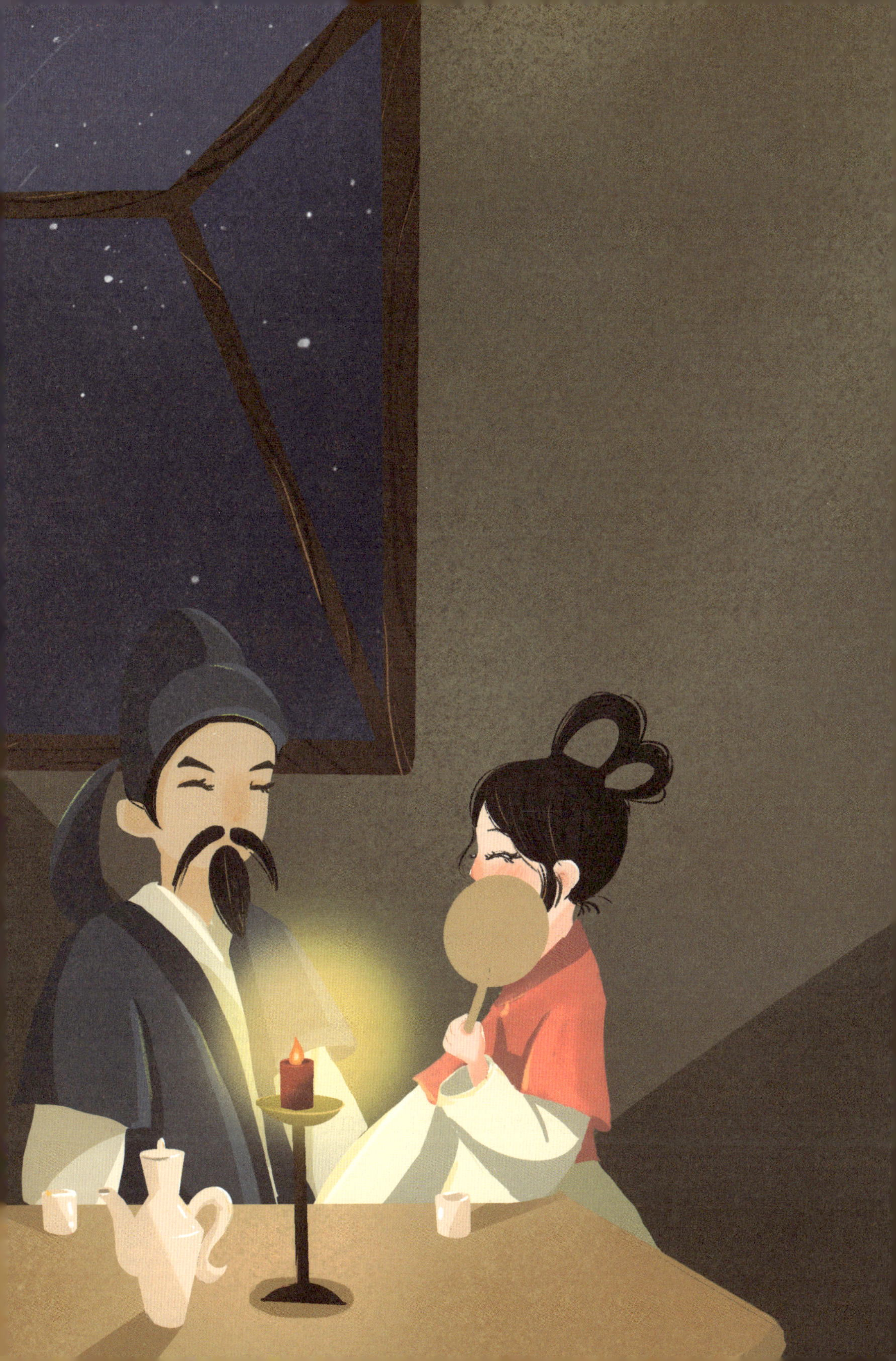

共：副词，用在谓语前，表示动作行为是由两个或几个施事者共同做出的。可译为"一起"。

剪西窗烛：代指对远方妻子的思念，也泛指亲人、朋友的相聚。

却话：回头说，追述。

这首诗题名为《夜雨寄北》，是诗人遭遇了巴山夜雨之后，因为旅途受阻而寄给思念的北方的人的诗。这个"北"我个人认为是居于北方长安家中的妻子。

第一句，"君问归期未有期"。一个"问"字，既是询问，更是饱含期待的催促。在北归的漫长路途上，回家的渴望成为支撑他克服一路艰辛的最大动力，李商隐一路上写下了不少思念妻子的诗篇，而这首诗很有可能就是写于此次旅途中。爱人啊，你问我什么时候回去，可是天气这么恶劣，路途遥远坎坷，我也不知道什么时候才能到家啊！

妻子的嘘寒问暖带给诗人温馨的安慰，妻子询问归期则引发了诗人更加强烈的思念。"巴山夜雨涨秋池"，他聆听着秋风中秋雨敲打窗户的声音，仿佛看到连绵不断的秋雨涨满秋池，就像他的思念和辛酸一样弥漫于天地之间。

"何当共剪西窗烛"，"剪烛"是一个特别美好、温暖的场景。古时没有电灯，常用烛火照明，因此需要不时地剪去烬余的烛芯，让烛光更加明亮。时时剪烛，意味着西窗下的人促膝低语，有说不完的话，诉不完的相思，直到深夜仍然毫无睡意，那是一种怎样心灵相通的情意！

在这首诗里，"西窗剪烛"与"巴山夜雨"两种截然不同的场景形成了鲜明的对照："巴山夜雨"是现实体验着的孤独，是萧瑟、寒冷和绵绵无尽的相思；"西窗剪烛"则是想象中未来的相聚，是温暖、依恋和相依相伴的幸福。

不过，诗人的高明之处在于，明明"巴山夜雨"是现实，"西窗剪烛"是想象，可在诗里却好像"西窗剪烛"是实写，是当下的场景，"巴山夜雨"反而成为虚写之景，仿佛回忆中一个遥远的背景。所以，诗中描写的虽然是李商隐一个人在外的漂泊，可是在我们眼前出现的却是一幕温暖的场景：漫长离别之后，终于相聚在一起的夫妻，在摇曳的烛光下絮絮低语。尤其是远行归来的丈夫，迫不及待地想把旅途中经历的一切和妻子分享，而妻子温柔的眼睛，一直深情地凝视着风尘仆仆的丈夫……

李商隐浪迹天涯，妻子王氏为他守着一个家，守着一盏灯，守着一份温暖，守着一份爱情。也许世界上有一种情感，知音永远只有一个人，那就是愿意和你西窗剪烛，共话巴山夜雨的知心爱人。

延伸阅读

从唐宣宗大中元年（公元 847 年）到大中二年（公元 848 年），当李商隐追随郑亚在桂林幕府之时，他还写过不少怀念妻子的诗篇，如《端居》《寓目》《念远》《凤》《题鹅》，等等。

例如这首《夜意》：

帘垂幕半卷，枕冷被仍香。
如何为相忆，魂梦过潇湘。

所谓日有所思夜有所梦，因为日日思念，当夜幕降临、孤枕独眠时，诗人梦到了远在千里之外的妻子，仿佛姗姗而来，在梦中抚慰着他难熬的孤独与相思。可是当他从梦中惊醒，却只看到帘幕低垂，枕头仍是寒意森森，只有被子仿佛还残留着妻子的味道。这缕若有若无的幽香，让诗人感到刹那的恍惚，刚才的这一幕，到底是真的还是做梦呢？妻子真的来过吗？

值得一提的是，妻子王氏也会写诗。李商隐才高八斗，王氏才思敏捷，即便与东晋的谢道韫相比也毫不逊色，常常是李商隐刚吟出一妙句，王氏迅速对出更精彩的一联，令李商隐击节叹赏。

除了写诗，王氏还善弹瑟。李商隐《寓目》中"新知他日好，锦瑟傍朱栊"的句子就是在回忆当年他和王氏新婚的时候：新婚夫妇花前月下，妻子如桃花般娇羞的脸颊上仿佛挂着甜蜜的笑，她坐在朱红色的窗下奏起优美的锦瑟；丈夫则手捧诗卷，他的目光飘过手上的书本，飘向窗前的妻子，定定地凝视着妻子姣美的容颜，感受着琴声传递过来的缕缕爱意……

大器晚成的词人

(《菩萨蛮五首·其二》)

　　韦庄与"花间派鼻祖"温庭筠是中国第一部文人词集——《花间集》的重要作者,并称"温韦",他们开创了花间词派,堪称词坛"双璧"。韦庄的词风清新淡雅,疏朗自然;而温庭筠的词风艳丽华美,意象密集。

　　韦庄这种清新舒朗的风格,很适合描述江南水乡之美。《菩萨蛮五首·其二》就是从长安下江南的韦庄笔下的慢生活,不慌不忙、从容自然。

菩萨蛮五首·其二

韦庄

人人尽说江南好，游人只合江南老。

春水碧于天，画船听雨眠。

垆边人似月，皓腕凝霜雪。

未老莫还乡，还乡须断肠。

游人只合江南老：这里指漂泊江南的人，即作者自谓。

碧于天：一片碧绿，胜过天色。

垆边：指酒家。垆，旧时酒店安放酒瓮的土台。

皓腕凝霜雪：形容双腕洁白如雪。

须：必定，肯定。

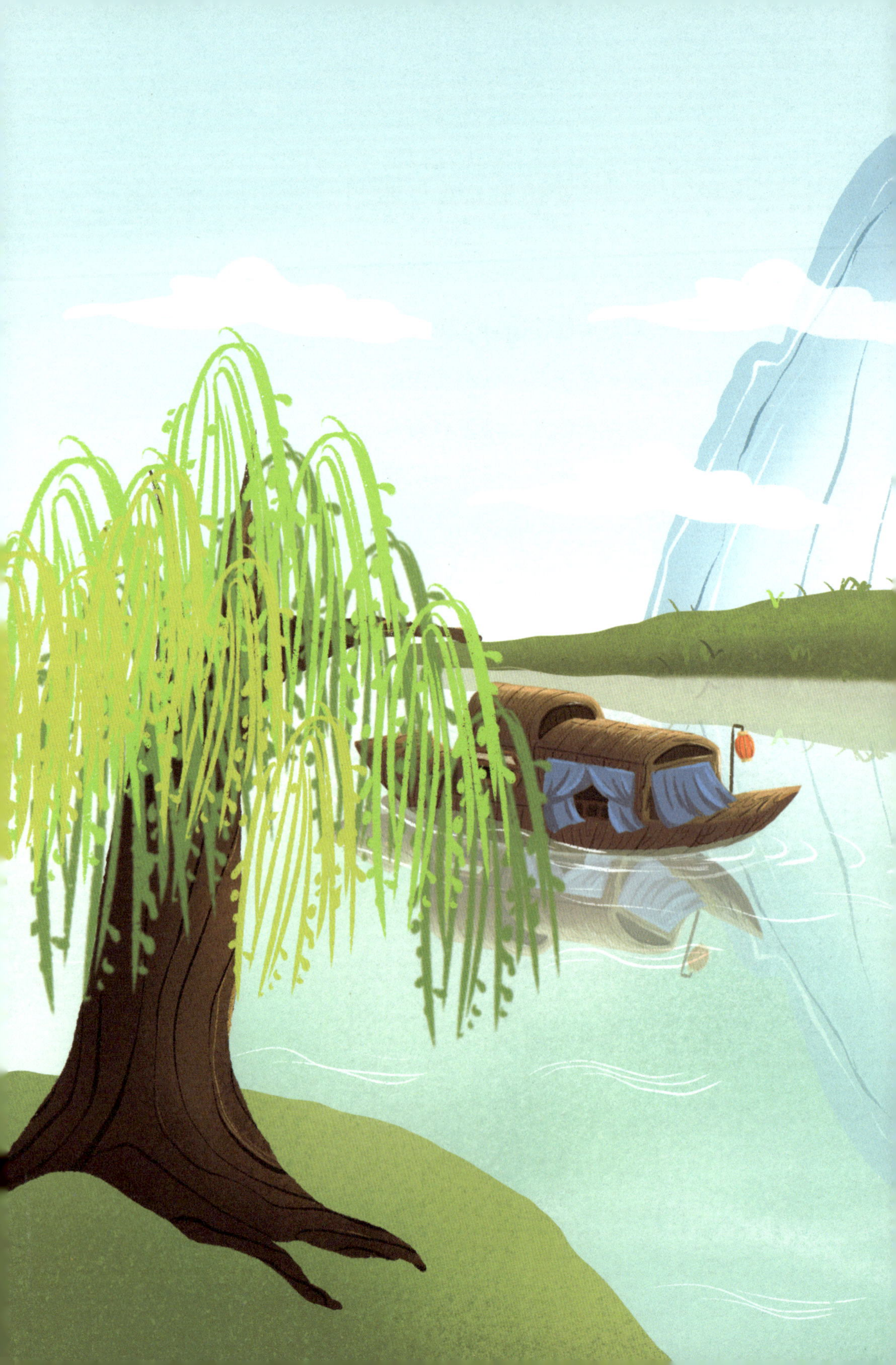

韦庄是一个大器晚成的典型。他生逢乱世，在科举仕途上一直不得志，直到五十九岁才考中进士。这个年龄在大多数人身上，都可以说是"夕阳无限好，只是近黄昏"，但韦庄的事业才真正开始。后来他在前蜀一直做到宰相，七十四岁才迎来政治生涯的高潮。

韦庄比别人晚、慢，还表现在这首《菩萨蛮五首·其二》上。这首词一开始就打出了"慢生活"的旗号："人人尽说江南好，游人只合江南老。"这两句里有两个关键字，一个"尽"，一个"合"，都在说江南到底多有魅力。"尽"就是都、全部的意思。每个到过江南的人都说江南美得不得了，而还没去过江南的人都无比向往。"游人只合江南老"，"合"字更妙，是应该的意思，说明了江南不可替代的魅力。每个去过江南的人，都会情不自禁地产生一个想法：最完美的人生就是应该在江南这样的地方生活，直到终老。

韦庄是长安人，他只是路过江南的一个"游子"而已。作为一个西北人，当他经过江南的时候，映入眼帘的是江南的自然美景："春水碧于天，画船听雨眠。"

我们对江南的第一印象大概就是处处都是曲曲折折的水，处处都是吱呀吱呀的船桨声，加上温婉的春雨和装饰精美的画船，简直就是完美的搭配。

"春水碧于天，画船听雨眠。""眠"是睡觉的意思。韦庄到江南后，急匆匆的脚步慢了下来，悠闲地躺在画船里，伴着淅淅沥沥的江南春雨声入梦。但韦庄去江南，不是悠闲、从容地旅游，而是逃难。

韦庄之所以大器晚成，并不是因为他的才华不够，而是因为他生逢乱世——皇帝走马灯似的换了七位，再加上改朝换代，可想而知有多乱了。

韦庄在江南漂泊了十多年，一直到五十八岁，才再次回到故乡，并且在第二年考中进士，但这时候的唐王朝已经是穷途末路，给不了他光明的前途。"未老莫还乡，还乡须断肠。"这里早已不是韦庄日思夜想的故乡，反而成了他不得不逃离的地方。眼见大唐王朝走到命运的尽头，韦庄做出了人生中最艰难的一个选择：接受西川节度使王建的邀请，到成都辅佐他。这一年，韦庄六十六岁。

七十四岁时，韦庄走过了人生漫长而难熬的冬天，终于迎来了他生命中的春天。除了政治上的辉煌之外，仕蜀期间，他的文学创作也达到了高潮。他在成都浣花溪畔找到杜甫草堂的旧址，虽然那里早已荒芜破败，但昔日的结构还隐约可见。出于对"诗圣"的衷心追慕，韦庄在旧址上结庐而居。

天复三年（903年）六月，韦庄的诗集《浣花集》问世，之所以题名"浣花"，也是想承继杜甫的诗歌气象和爱国忧国的深厚情怀。

延伸阅读

汉代第一才子司马相如琴挑卓文君之后，卓文君瞒着父母，与他逃到成都。

卓文君不顾一切逃离家庭，在当时被看作大逆不道之举。父亲盛怒之下，对这个"败坏门风"的女儿采取了强硬的经济封锁："女至不材，我不忍杀，不分一钱也。"他果断宣布与之断绝父女关系，一分钱都不分给他们。

而卓文君嫁给司马相如以后才知道，这位风度翩翩的大才子，其实是个不折不扣的穷光蛋，而且穷到家徒四壁。但卓文君并没有因此而后悔自己的选择。在她的建议下，他们开了一家小酒馆，她亲自站在酒馆门口大声吆喝，亲手为客人沽酒，活脱脱一个能干、泼辣的劳动妇女。司马相如也放下书生的清高，系上粗布大围裙，成了酒馆里忙前忙后的店小二，洗碗扫地，脏活累活抢着干。

机会总是垂青那些有准备、能坚持、不着急、不放弃的人。后来，汉武帝偶然读到司马相如的作品，不由得叹息："我怎么就不能和这个人生活在同一个时代呢！"身边的人说："陛下，司马相如还活着呢，就在成都。"汉武帝大喜，立即将司马相如召到京城。

这就是当垆卖酒的典故。

没有一帆风顺的人生

(《定风波·莫听穿林打叶声》)

说起苏轼，我们就忍不住送他一顶"豁达乐观"的帽子，因为他树立了一个标杆，似乎总是能从逆境中超脱出来，不管什么时候，总是那么乐呵呵的，潇洒得无与伦比。

苏轼的词总是能够让人的心情一扫阴霾，变得阳光起来。这首《定风波·莫听穿林打叶声》就是这样的代表作。我们不妨随着苏轼的描写，想象一下他笔下那个潇洒脱俗、怡然自得的身影。

定风波·莫听穿林打叶声

苏轼

莫听穿林打叶声,何妨吟啸且徐行。

竹杖芒鞋轻胜马,谁怕?一蓑烟雨任平生。

料峭春风吹酒醒,微冷,山头斜照却相迎。

回首向来萧瑟处,归去,也无风雨也无晴。

定风波:词牌名。

穿林打叶声:指雨点透过树林打在树叶上的声音。

吟啸:放声吟咏。

芒鞋:草鞋。

蓑:蓑衣,用棕制成的雨披。

料峭:微寒的样子。

斜照:偏西的阳光。

向来:方才。

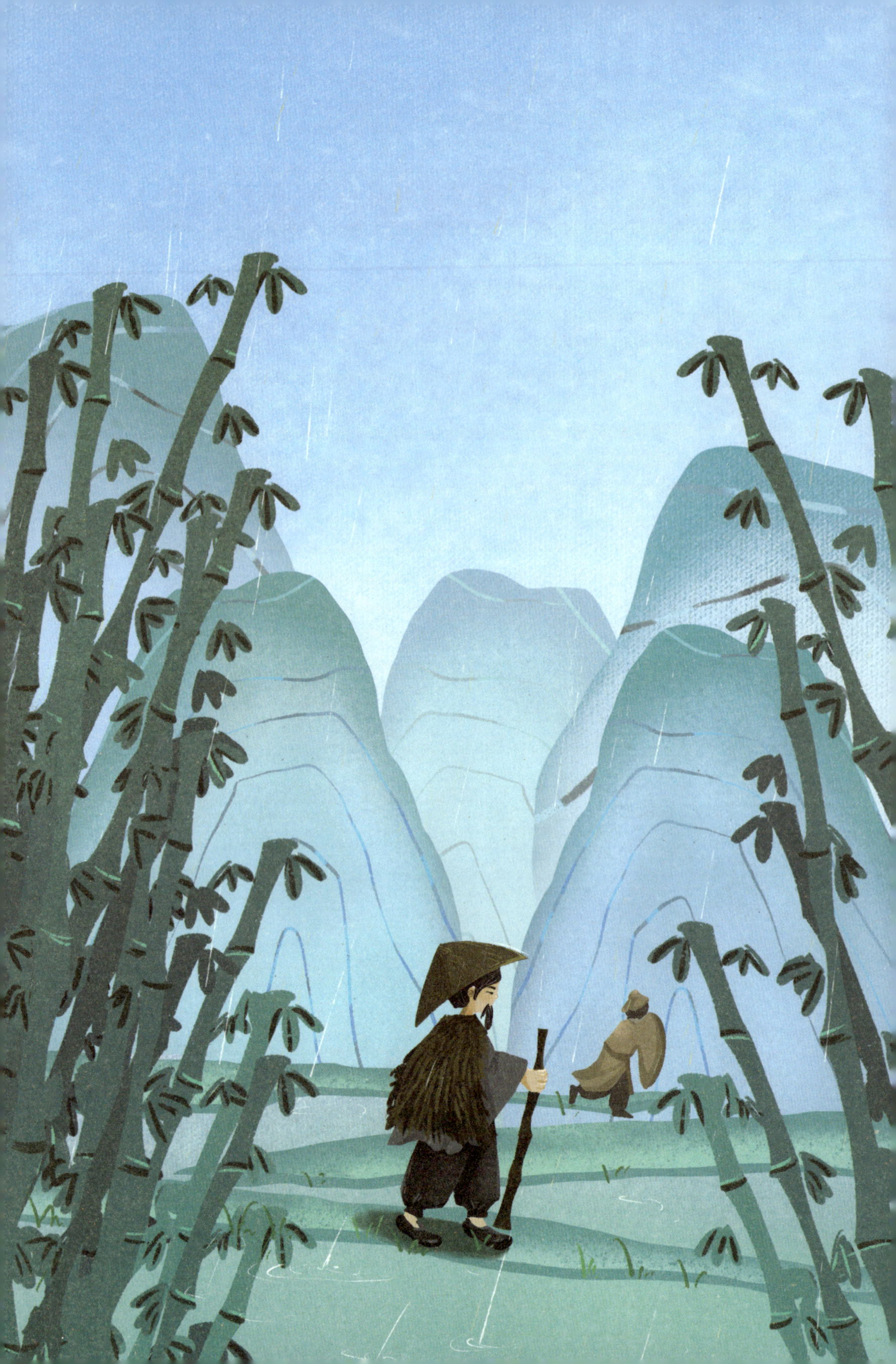

暮春三月，天气晴和温暖，正是适合踏青春游的季节，苏轼当然不会宅在家里，辜负这样的好天气。于是啊，由苏轼带头，一行人开启了徒步旅游模式，他们深一脚浅一脚地走在崎岖、狭窄的山间小路上。可是，三月的天气善变，虽然出发的时候还是晴空万里，转眼间，一场倾盆大雨不期而至。其实出门的时候，苏轼还是考虑周全了，因为正是雨季，他事先让书童带上了雨具。可一路走来并没下雨，书童走得又快，早早走到前面去了。苏轼和朋友们一边看看风景，一边聊聊天，不知不觉就落在了后面。没想到大雨说来就来，一点余地都不留，雨伞、雨衣来不及送过来，朋友们一下子慌了神，有的喊着："赶紧把袍子脱下来顶在头上遮遮雨吧！"有的加快脚步奔跑起来，边跑边嚷嚷："快跑快跑，说不定前面有人家可以躲躲雨什么的！"可是脚下一个不留神摔了个满身泥……

　　在大家狼狈不堪的时候，只有苏轼一人好像完全没有受到暴风骤雨的影响，他保持着先前悠闲的节奏，拄着一根竹制的拐杖，不紧不慢地在雨中漫步，不仅不慌张，还吹起了口哨，哼起了流行歌曲，风声、雨声、歌声、口哨声交织在一起，还真像是一场天然的交响乐音乐会，他脚下的草鞋虽然早就浸透了泥水，但丝毫没有影响他步履的轻松。

　　这一幕风雨山行图，就是这首《定风波·莫听穿林打叶声》上半阕记录的真实场景："莫听穿林打叶声，何妨吟啸且徐行。竹杖芒鞋轻胜马，谁怕？一蓑烟雨任平生。"

这一部分是写实，滂沱大雨打在山林的树叶上，发出密集的唰唰声，可那又怎么样？别去管那大雨穿林打叶的声音了，还不如唱着歌、吹着口哨淡定前行呢。拄着竹杖、穿着草鞋、披着蓑衣，以一身轻装的打扮前行，比骑马还显得轻快呢。一场大风雨又有什么可怕的？人生总是要经历这样那样的风雨坎坷，既然躲不过，就让我披一袭蓑衣，一直这样潇洒地往前走吧！

值得注意的是，"莫听穿林打叶声"的"听"最好读成第四声，因为不仅仅是《定风波》词调的格律要求第二个字是仄声，而且"听"读第四声的时候，更能够突出那种任凭、听凭的意思，而不仅仅是用耳朵去听的意思。

词的上半阕描写突然遭遇的风雨，下半阕转入雨后天晴。

"料峭春风吹酒醒，微冷，山头斜照却相迎。回首向来萧瑟处，归去，也无风雨也无晴。"风雨再大，但山雨来得快去得也快。没多久雨就停了，山风吹在身上还带着几分料峭的春寒，确实让人感觉有点凉意，但山头那一缕斜射过来的阳光让"我"心里平添了几分温暖。于是"我"悟出了一个人生的道理，阳光总在风雨后，人生就是一个风雨交加的过程。风雨来的时候，躲是躲不掉的，绕也是绕不开的。所以无论多大的风雨，都不能退缩、不能害怕，只要你从容地闯过去，就一定会有温暖的阳光在前方迎接你。

"也无风雨也无晴"并不只是简单地鼓励人们坦然地面对风雨，迎接前方的阳光。我觉得，这句词的独到之处不在"也无风雨"，而是在

"也无晴"。这一句正是苏轼理性人生的智慧表现：世间万物都在变化，没有什么是一成不变的，万里无云的晴空也许正酝酿着一场暴风雨，而暴风骤雨过后也许就是明媚的阳光。

延伸阅读

这首《定风波·莫听穿林打叶声》表面上描写了自然界的一场暴风骤雨，而其实，这时候的苏轼刚刚经历过一场人生的暴风骤雨，那就是北宋历史上著名的一场文字狱——乌台诗案。

北宋神宗年间，朝廷的政治矛盾主要集中在新党和旧党之间。王安石是新党的领袖，他厉行变法，轰轰烈烈地展开了北宋历史上有名的"熙宁变法"；苏轼作为旧党的代表，很不赞同王安石的变法。可王安石是"铁腕宰相"，又受到神宗的极力支持和信任，为了避免政治矛盾进一步激化，苏轼只好请求外放，在杭州、密州、徐州等地辗转担任地方官。

元丰二年（1079年），御史台搜罗了苏轼的诗文，从中深文罗织，揪出苏轼讽刺变法的证据，说他不满朝廷，妖言惑众，罪该万死。宋神宗勃然大怒，下旨逮捕苏轼。当时苏轼正在湖州知州任上，七月二十八日，派去执行逮捕令的官员皇甫遵气势汹汹地闯入州府衙门，将苏轼五花大绑带走；苏轼的家也被抄得一片狼藉，他的妻子王闰之生怕再被发现什么证据，只能将苏轼留下的文稿付之一炬。八月十八日，苏轼被押解到京城，锒铛入狱。

苏轼入狱，震惊朝野，各方营救他的行动差不多也在同时进行。不少正直之士挺身而出，为营救苏轼而奔走出力。连他的政治对头王安石都亲自上书为他说情："岂有圣明之世却杀害才学之士的呢？"太皇太后也被惊动了，亲自出面为他求情，宋神宗这才对苏轼"网开一面"。于是，在监狱关押了一百三十多天之后，苏轼以水部员外郎黄州团练副使的名义被贬谪黄州（今湖北黄冈）。而在这一事件中，凡与苏轼有交游的人都受到了不同程度的处罚，如苏辙被贬筠州（今江西高安）。这就是著名的"乌台诗案"，也是北宋历史上第一场文字狱。"乌台"是御史台的代称，因为汉代御史台外经常聚集很多乌鸦，不停地聒噪，充满着一种恐怖的气氛，所以御史台又被称为"乌台"。

夸自己漂亮的女词人

（《减字木兰花·卖花担上》）

李姓词人是唐宋词坛的佼佼者，甚至有"词坛三李"的说法，第一位当然是唐代李白，他的《忆秦娥·箫声咽》《菩萨蛮·平林漠漠烟如织》被誉为"百代词曲之祖"，李白也被誉为"词中鼻祖"；第二位是南唐后主李煜，他的"春花秋月何时了""无言独上西楼""林花谢了春红"是大家耳熟能详的词句；第三位当然非宋代女词人李清照莫属了。

现在留存的文献在说李清照的时候，都在夸她的才华，很少说到她的长相，只有一幅她三十一岁时候的画像流传了下来，但画像和本人之间的相似度到底有多大，我们无法确知。别人不夸自己漂亮没关系，李清照自己夸自己的本事是很高明的。那李清照到底是怎么夸自个儿长得漂亮的呢？

减字木兰花·卖花担上

李清照

卖花担上,买得一枝春欲放。泪染轻匀,犹带彤霞晓露痕。怕郎猜道,奴面不如花面好。云鬓斜簪,徒要教郎比并看。

减字木兰花:词牌名。

春欲放:指将要开放的花。

泪:指形似眼泪的晶莹露珠。

奴:词人的自称。

云鬓:形容鬓发多而美。

徒:只,但。

比并:对比。

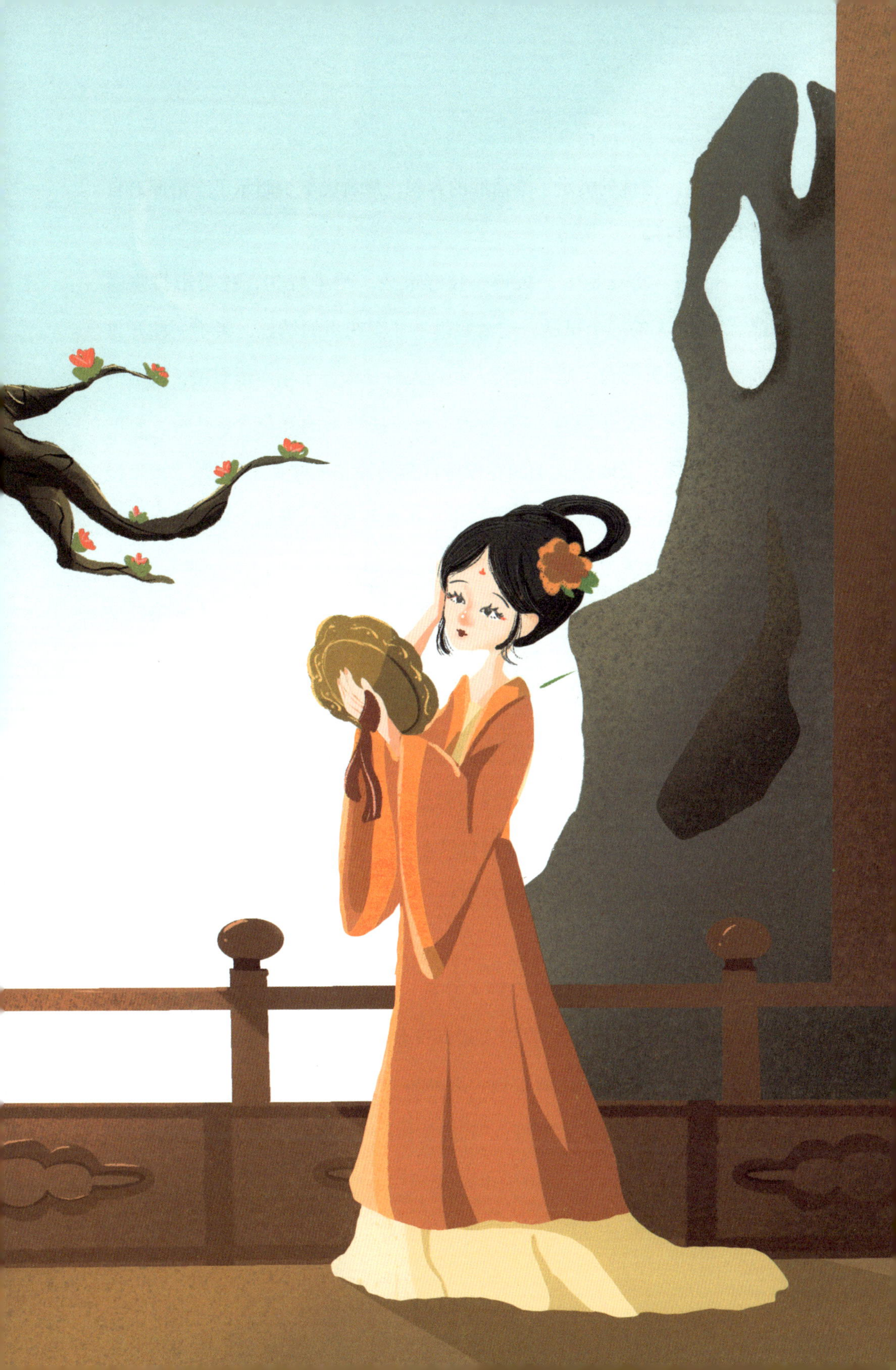

首先，这首词暗示了李清照的容貌，或者说至少暗示了李清照对自己容貌的自信。

上阕："卖花担上，买得一枝春欲放。泪染轻匀，犹带彤霞晓露痕。"在春天的一个早晨，李清照禁不住卖花声的诱惑，买了一枝开得最艳、最新鲜的花。聪明的诗人和词人总是很善于用一语双关，既节约了字数，又丰富了蕴意。"春欲放"既是说春天的鲜花含苞待放，新鲜得让人眼馋，又暗指女子的容颜像含苞的春花一样美不胜收。"泪染轻匀，犹带彤霞晓露痕"具体描写花儿到底怎么美，花瓣上还残留着清晨的露水，就好像美女的泪珠挂在粉红的脸颊上。

上阕看上去句句在写花儿的漂亮，实际都是在夸人长得既年轻又娇艳。

下阕："怕郎猜道，奴面不如花面好。云鬓斜簪，徒要教郎比并看。""郎"是郎君，就是丈夫。说明写这首词的时候，李清照已经嫁为人妻，不过她不像一般的妇人那么羞涩，她的性格活泼率性，自认为很美，可是又担心丈夫觉得自己还不够美。其实，她哪里是怕自己在丈夫眼里比不上娇艳的鲜花呢？"花面"又是一语双关，可以暗指其他美女。

她生怕丈夫觉得自己没别人好看，偏要将鲜花斜斜地插在云鬓上。"云鬓"形容美女浓密、乌黑又柔顺光滑的鬓发。"云鬓斜簪"，化了一个美美的妆之后，她故意走到丈夫跟前，扭过来晃过去，还要转几圈展示自己的美，逼着丈夫回答，"到底是你的娇妻漂亮，还是花儿漂亮？"

在这首词中，丈夫赵明诚虽然自始至终都没有出场，但我们可以脑补出赵明诚满脸惊喜加宠溺的表情，忙不迭地回答娇妻说："肯定是你更美啊！全天下就数我的夫人最漂亮。"

李清照永远不会被动地等待丈夫给她惊喜，而总是主动地制造着平凡生活中的浪漫情趣。有这样一位才华横溢又知情识趣的妻子，赵明诚真是相当有福气的男人。

延伸阅读

李清照是一个会主动了解丈夫喜好的人。因为赵明诚喜欢搜集金石古玩，她也成了丈夫考古事业的得力助手，而且为了支持丈夫，主动将自己的生活水准降到最低点。

他们刚结婚那会儿，赵明诚还是个太学学生，没有经济收入。可是文物收藏，动辄耗费千金。为了收集有价值的文物古董，赵明诚花钱如流水，自己不能挣钱，却特能花钱，所以几乎耗尽了夫妻俩所有的财产。两人没钱花的时候，就当几件好衣服，再去古玩一条街换几件文物，淘到宝贝就开心得不得了。

两人住的地方，桌子上、床上都摆满了经史子集。他们每每吃完晚饭，便悠闲地煮上一壶茶，指着堆积如山的书籍文献，说起某件事应该记载在哪本书的哪一卷的哪一页的哪一行。夫妻俩以此打赌，答对的可以先喝茶，答错的只能在一边看着。李清照不仅聪明，记性还特别好，所以她总是能赢。不过她每次赢了，"即举杯大笑，至茶倾覆怀中，反不得饮而起"——举着茶杯开心得哈哈大笑，常常不小心笑得茶水泼洒在衣服上，反倒什么也没喝到，而茶香已溢满了整间书房。这段日子是她人生中最幸福的一段时光。

不放弃任何一个靠近理想的机会

(《临安春雨初霁》)

  如果要给陆游贴一个身份标签的话,那就是,一个将抗金北伐作为终生理想的爱国诗人。但是,这个身份只能定义陆游一生经历的主流,而对于一个伟大的诗人来说,他的个性气质从来都不可能是单一的,他的人生经历也绝不可能是单调的。

  那么,陆游除了抗金爱国之外,还有哪些不太为我们所熟知的方面呢?让我们通过《临安春雨初霁》这首诗,了解一个"有闲"的陆游吧!

临安春雨初霁

陆游

世味年来薄似纱，谁令骑马客京华。
小楼一夜听春雨，深巷明朝卖杏花。
矮纸斜行闲作草，晴窗细乳戏分茶。
素衣莫起风尘叹，犹及清明可到家。

霁（jì）：雨过天晴。

世味：人世滋味；社会人情。

客：客居。

京华：是指当时南宋的京城临安，也就是今天的杭州。

矮纸：短纸、小纸。

草：指草书。

晴窗：明亮的窗户。

细乳：沏茶时水面上呈白色的小泡沫。

素衣：原指素色的衣服，这里是诗人对自己的谦称。

风尘叹：因风尘而叹息。暗指不必担心京城的不良风气会污染自己的品质。

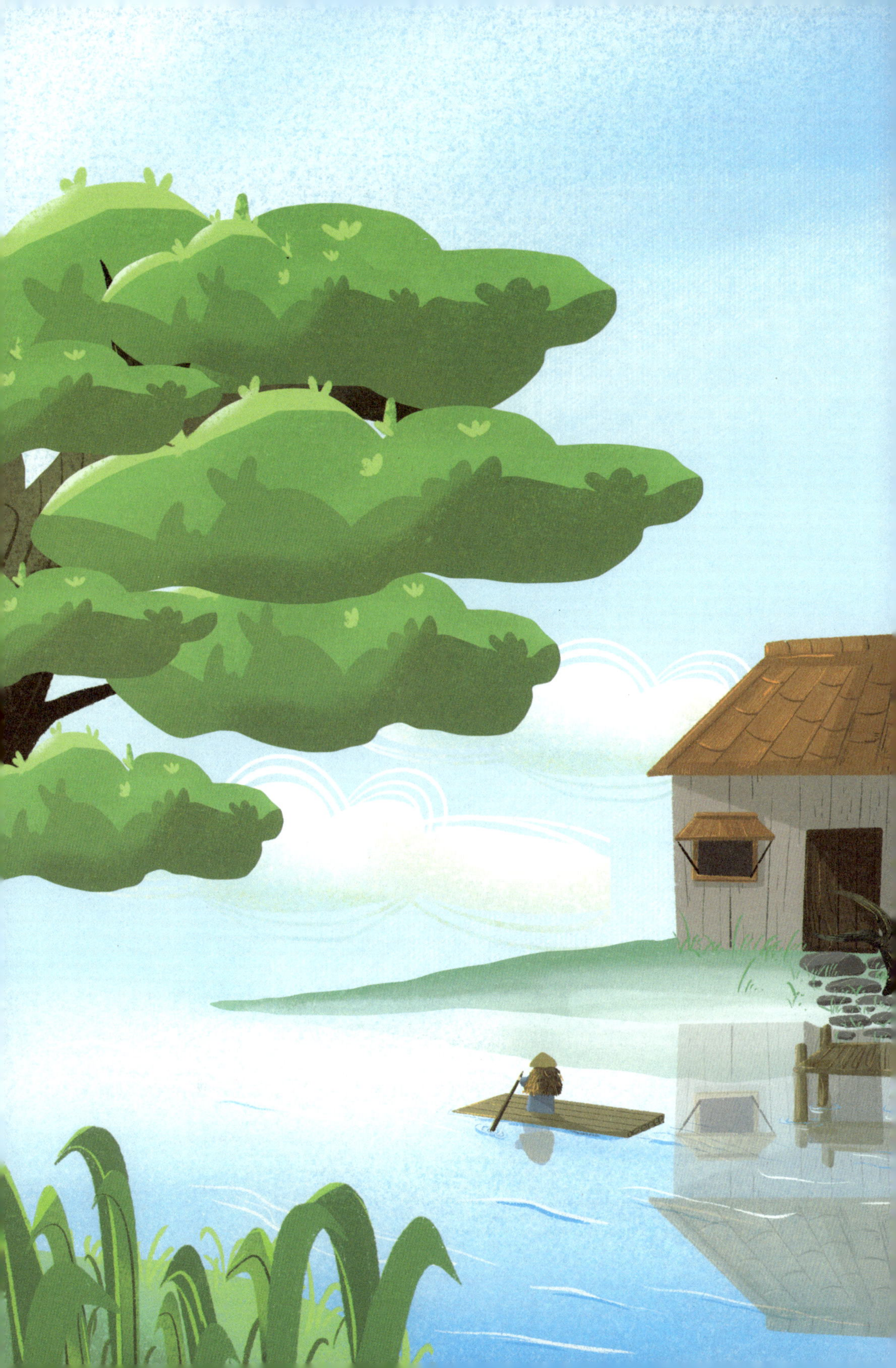

首联"世味年来薄似纱,谁令骑马客京华"是陆游深沉的感叹,近些年来真是感觉世态炎凉。可是,明知自己对世态人情的兴趣淡薄得像一层纱,又是什么原因驱使"我"再次骑马来到喧嚣繁华的京城呢?

这首诗写于淳熙十三年(1186年)春天,陆游从老家绍兴再次来到杭州,所以他是"客人"。杭州虽然风景优美,但陆游不是来旅游的。他奉旨入京,所以不像其他游客那样到各个旅游景点去"打卡"。到了京城之后,朝廷的正式旨意迟迟没有下来,他又被晾在"招待所"里没人理,所以才会这么"有闲"。

颔联:"小楼一夜听春雨,深巷明朝卖杏花。"陆游真是有闲,他可以躺在"招待所"的小楼里,听一夜淅淅沥沥的春雨;第二天一大早,又聆听小巷深处传来的叫卖杏花的声音。

从艺术技巧上来看,这联诗的对仗也很巧妙,"小楼"对"深巷",给人一种江南古城的感觉,幽深狭窄的石板巷子,一栋栋的精致小楼,一色的白墙灰瓦;"一夜"对"明朝",下了一夜的春雨之后,第二天早上天放晴了,被雨水洗涤过的城市,空气中弥漫着清新的味道和淡淡的花香。

颈联:"矮纸斜行闲作草,晴窗细乳戏分茶。"听完早上的卖花声后,陆游在漫长的白天煮一壶茶,练练书法。当然,他不是随便煮茶和练书法,而是将这两件事做得很有情趣,所以他才说"闲作草"和"戏分茶"。他铺开宣纸,斜斜地写下一行行草书,一边写还一边饶有兴味地自我点评一番,写完字又坐在窗户前,沐浴着铺洒进来的阳光,不厌其烦地烹茶、分茶、品茶。

颔联、颈联，将陆游从前一天晚上到第二天的"闲"，层层推进，渲染得淋漓尽致。这样的描写，差点就让我们误以为陆游很享受这样的闲时光。那陆游是不是呢？

了解了这首诗的创作背景，我们就明白，陆游的"有闲"绝对不是这一两天，而是整整七年。正因为有了漫长等待，陆游才会在再次进京之后，连短短的几天都等得坐立不安，夜夜无眠。明明很有才，却没有用武之地，对他来说是痛苦的煎熬。所以，"小楼一夜听春雨，深巷明朝卖杏花"，写的不是陆游的悠闲浪漫，而是他彻夜失眠的无奈；"矮纸斜行闲作草，晴窗细乳戏分茶"，写的也不是陆游的书法水平和分茶技巧，而是他一事无成的痛苦。"闲作草""戏分茶"，都只是陆游用来填补内心空虚的手段；表面上的悠闲，只是为了反衬心境的苍凉。

尾联"素衣莫起风尘叹，犹及清明可到家"流露出了陆游真正的内心感受，他不由得对客居京华再次产生了怀疑：这里虽然繁华，却并不属于自己。别人都在忙忙碌碌，只有自己无所事事，再这样蹉跎下去毫无意义，不知道是否来得及在清明节前回到家乡。

那在这样焦虑的等待过后，陆游的"闲"生活到底有没有结束呢？结束了，因为朝廷对他的工作有了新的安排——严州知州，陆游的七年终于没有白等。

延伸阅读

南宋孝宗淳熙六年（1179年），五十五岁的陆游愤然辞官。这不是他第一次辞官，因为陆游坚守了一生的抗金主战主张，与朝廷的主和政策背道而驰，所以他才屡屡被罢官或主动辞官。

这次辞官，陆游回到绍兴，开启了长达七年的闲居生活，他再有满腔的报国热情和策略也没用，朝廷根本不给他工作机会。所以，他就是天天喝茶写草书、听雨看杏花都没关系，反正他也不用上班打卡，处理公务，但他闲得无聊、闲得发慌。

七年之后，陆游被起用，接到旨意后，他匆匆从山阴赶到临安（杭州），可是迟迟没有得到皇帝的接见。陆游住在西湖边的"招待所"，眼见着春光从身边飞速流逝，却只能"游手好闲"地徜徉在美丽的西湖边，打发着大好时光。这种无奈而又焦急的心绪化为这首流传千古的经典诗篇——《临安春雨初霁》。

所有的经历都在帮助你长大

（《丑奴儿·书博山道中壁》）

"少年不识愁滋味，为赋新词强说愁"是一直活跃在我们日常口语中的词句，这两句常常被用来形容青少年不谙世事，却偏偏多愁善感的一种状态，甚至可以说，这是大多数人在成长过程中、在青少年时期必然会体验的一种状态。

这两句词出自南宋著名英雄词人辛弃疾的《丑奴儿·书博山道中壁》。

丑奴儿·书博山道中壁

辛弃疾

少年不识愁滋味,爱上层楼。爱上层楼,为赋新词强说愁。而今识尽愁滋味,欲说还休。欲说还休,却道天凉好个秋。

少年:指年轻的时候。

层楼:高楼。

强(qiǎng):勉强,硬要。

欲说还休:想说(愁)而终于没有说。

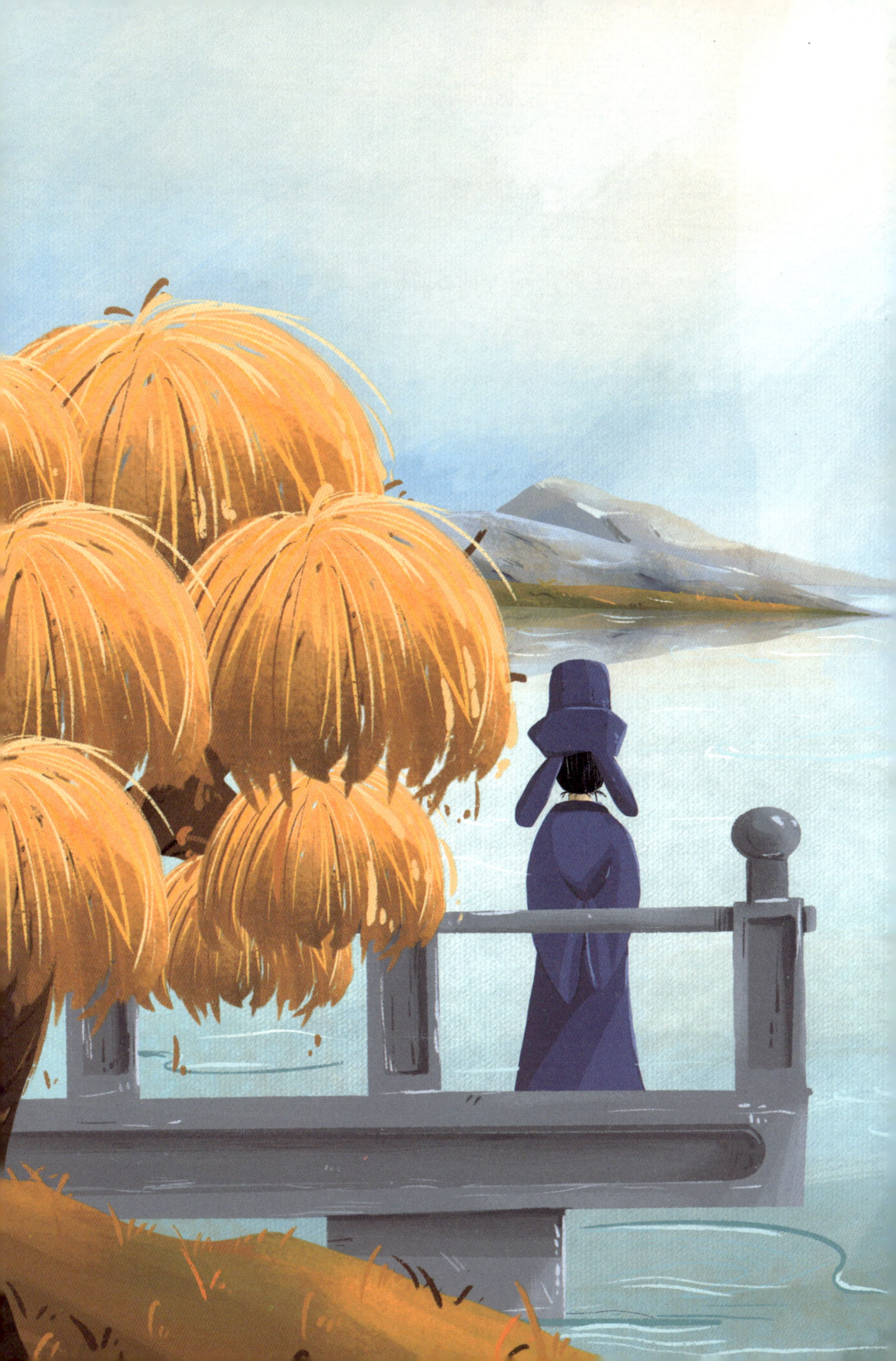

这首《丑奴儿·书博山道中壁》之所以能够成为传唱不朽的千古名作，主要因为它有三大特点。

第一，写出了少年与中年的心态对比。"少年不识愁滋味，爱上层楼。爱上层楼，为赋新词强说愁。"青少年时代的辛弃疾，曾作为起义军领袖纵横驰骋在抗金的前线战场，威名远扬。那时的他，最爱登高望远，指点江山，对未来充满了自信。虽然还没有真正体验过人生的忧愁悲苦，可是为了填写新词，偶尔也会写下无病呻吟的词句。

少年时期的多愁善感和无病呻吟，虽然很幼稚，但毕竟是人生中宝贵的体验，尤其是多年之后，经历了太多的世事沧桑，更会怀念少年时代的单纯。"而今识尽愁滋味，欲说还休。欲说还休。却道天凉好个秋。"

从二十二岁南归，到四十二岁闲居上饶，辛弃疾眼看着自己大好的青春年华转瞬即逝，可是南宋朝廷在抗金战线上仍然毫无作为，朝廷内部的党争却持续不止。辛弃疾不断被排挤、被打击，千言万语、千愁万绪只化为一句"好一个凉快的秋天啊"。看似平淡的一句话，却蕴含着辛弃疾悲凉、无奈的情绪，忧国忧民的深切感怀，以及报国无门的强烈愤慨。

第二，点出了人类的一种共同体验。辛弃疾作为词坛大师级的人物，是怎么将"少年不识愁滋味"的个人体验，上升为人类的共同体验的？不是每个人都会经历像辛弃疾那样的传奇人生，在战场上出生入死，在官场上空有抱负而不得志。但"少年不识愁滋味，为赋新词强说愁"却是很多人都有过的人生体验。

第三，给读者留下了无尽的想象空间。辛弃疾说"少年不识愁滋味"，"不识"就是不明白、不懂的意思；"而今识尽愁滋味"，"识尽"就是不惑，因为经历、思考了很多事，所以也就想明白了。一个四十多岁的中年人，经历了少年时期的懵懵懂懂、青年时期的跌跌撞撞，在生活的压力下开始懂得了生命的意义和自己存在的价值。

"而今识尽愁滋味，欲说还休。欲说还休"，满腔的心事只能咽回肚子里，一个人消化，最后化成一句看似轻描淡写的"却道天凉好个秋"。这就是辛弃疾智慧的地方，也是《丑奴儿·书博山道中壁》高明的地方。辛弃疾说"少年不识愁滋味"，并没有具体解释"愁"的原因与内容；"而今识尽愁滋味"，他也没有具体说识尽了怎样的愁滋味。这就给我们留下了无尽的想象空间。

延伸阅读

这首词的词题"书博山道中壁"，主要说明辛弃疾写这首词的地点，同时也暗示了他写这首词的大致时间与心境。

那么，博山到底是哪里呢？

南宋的时候，博山地处江南东路信州永丰县（今江西上饶广丰区）西郊二十余里的地方，原名通元峰，后改名为博山。

辛弃疾很喜欢博山这个地方，他在上饶闲居期间，常常流连于这一带。永丰的博山寺以前还保留着辛弃疾的读书堂。博山还留下了辛弃疾很多词作，如《清平乐·博山道中即事》《鹧鸪天·博山寺作》《点绛唇·留博山寺，闻光风主人微恙而归，时春涨断桥》等。他甚至还将博山比作陶渊明笔下的世外桃源："一川松竹任横斜。有人家。被云遮。雪后疏梅，时见两三花。比着桃源溪上路，风景好，不争多。"（《江神子·博山道中书王氏壁》）博山真是一个好地方，春夏秋冬，都有独特的风景，吸引着辛弃疾在这里流连忘返。

春天读书的芳香

(《四时读书乐·春》)

    翁森生活在宋末元初,是浙江仙居人,也就是今天浙江台州仙居县人。翁森是一个很有骨气的诗人,南宋灭亡以后,他不愿意在新朝入仕,于是隐居在家乡,办学校、教学生,桃李满天下,是一个非常纯粹的读书人。

    他的一组诗《四时读书乐》,据说民国时候曾经入选语文课本。它们不提考试、功名、做官、发财这些功利的追求,只着眼于读书本身所具有的无穷乐趣,而且是一年四季各有各的乐趣。

    所以,这组诗在艺术上的一个最大特点就是,不直接写读书本身,而是描写不同的季节、自然环境,因此不同季节的读书就拥有了一种特别的审美情趣。

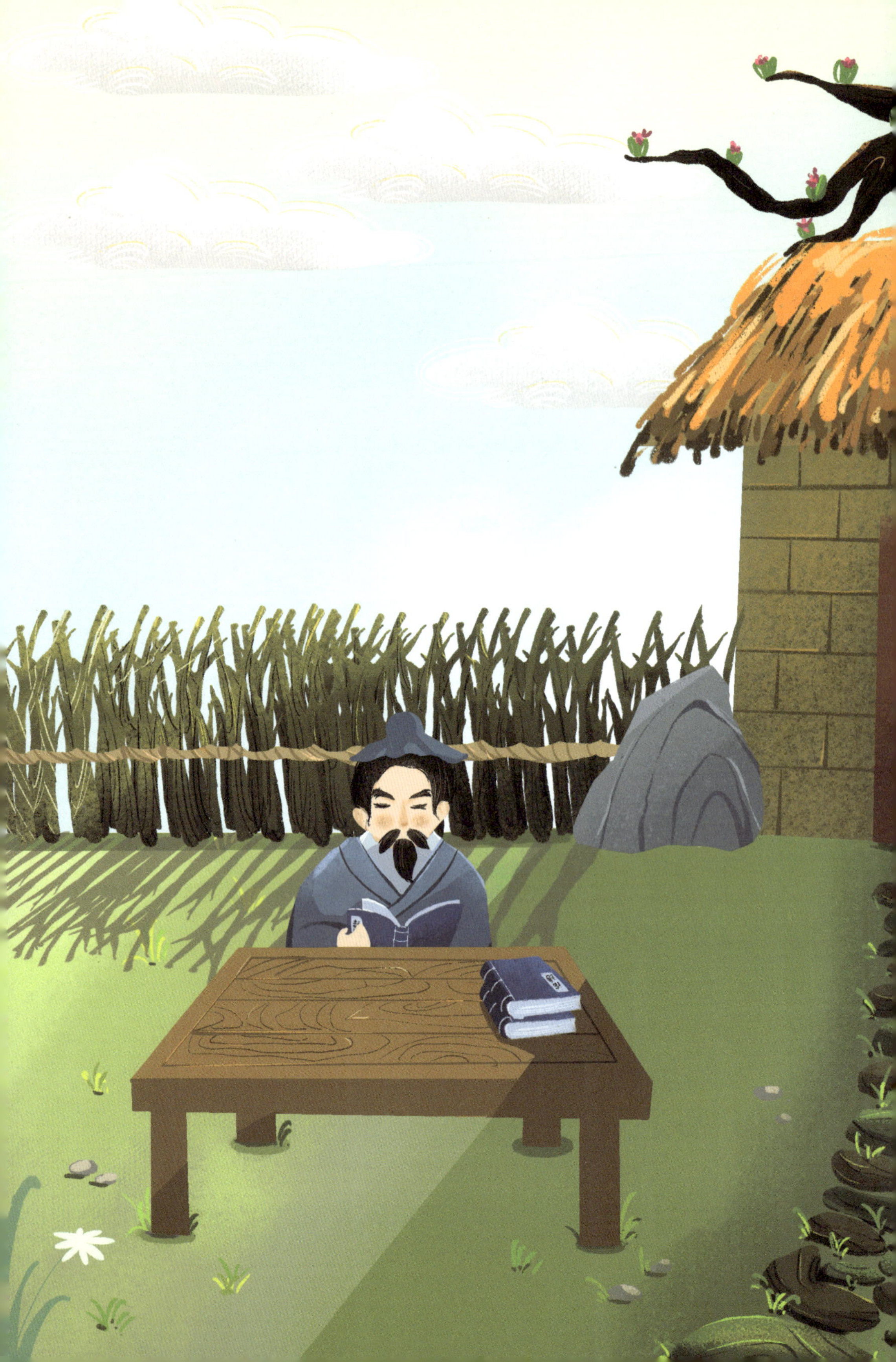

四时读书乐·春

翁森

山光照槛水绕廊,舞雩归咏春风香。
好鸟枝头亦朋友,落花水面皆文章。
蹉跎莫遣韶光老,人生唯有读书好。
读书之乐乐何如,绿满窗前草不除。

山光:山的景色。

槛:栏杆。

舞雩:古代祈雨时举行的伴有乐舞的祭祀。

韶光:指美好的时光。

翁森用一个字来概括春天的特点——好！春天好在哪里呢？当然是天气越来越温暖，不仅大自然万物复苏，人的身心也从冬天的寒冷中舒展开来，"好鸟枝头亦朋友，落花水面皆文章"。春天的大自然仿佛是人类最好的朋友，鸟语花香，和风拂面，空气中弥漫着百花的芳香。

这么美好的季节当然不能虚度，"蹉跎莫遣韶光老，人生唯有读书好"。那么，春天读书又有什么好呢？

诗中好像没有明确地回答，但是，翁森用了"舞雩归咏春风香"的典故，含蓄地表明了春天读书好的态度，这个典故出自《论语》。

读书的乐趣，就和冬去春来的自然规律一样，不用强求，也无须附加这样那样的功利目的，仅仅是读书本身，就已经具有一种最高境界的自由和美丽了。因为读书本身，就像春风不经意地轻轻拂过一样，就像春天的阳光不经意地洒进窗户一样，让人身心舒畅，整个人也不知不觉地开朗起来。

延伸阅读

有一天,孔子和徒弟们围坐在一起,他让每个徒弟都说一说自己的理想。有的徒弟说自己的能力可以当一个大国的国相,有的说自己的水平足够治理一个小国家,孔子都不以为然。最后问到曾点,他当时正在鼓瑟,不慌不忙地弹完一曲,然后站起身来,说:"我的理想就是能够在暮春三月,换上春天的衣裳,和五六个青年人、六七个小孩子,一起去沂水里游泳,然后到舞雩台上吹吹温暖的春风,一路吟唱着歌谣,自由自在地走在回家的路上。"

曾点说完,孔子会心地点头说:"我的平生志向和曾点是一样的!"

乍一听,你可能会觉得,曾点的志向实在是不怎么远大,好像一点都没有那种治国平天下的豪情壮志,可是为什么孔子偏偏最欣赏他的这番描述呢?

我想,大概就是因为曾点描述的这番春天的景象,正是孔子向往的人与自然、人与人之间和谐相处、怡然自乐的状态。

夏天读书的惬意

(《四时读书乐·夏》)

在春天里,读书能够使人获得一种自然而然的身心愉悦,翁森用了一个"好"字概括,而夏天读书的特点,翁森也用了一个字来概括——趣。

四时读书乐·夏

翁森

修竹压檐桑四围,小斋幽敞明朱曦。
昼长吟罢蝉鸣树,夜深烬落萤入帏。
北窗高卧羲皇侣,只因素稔读书趣。
读书之乐乐无穷,瑶琴一曲来薰风。

曦:太阳光。

素:即向来,表示历来如此。

稔:熟悉。

乐:乐趣。

薰风:和暖的风。指初夏时的东南风。

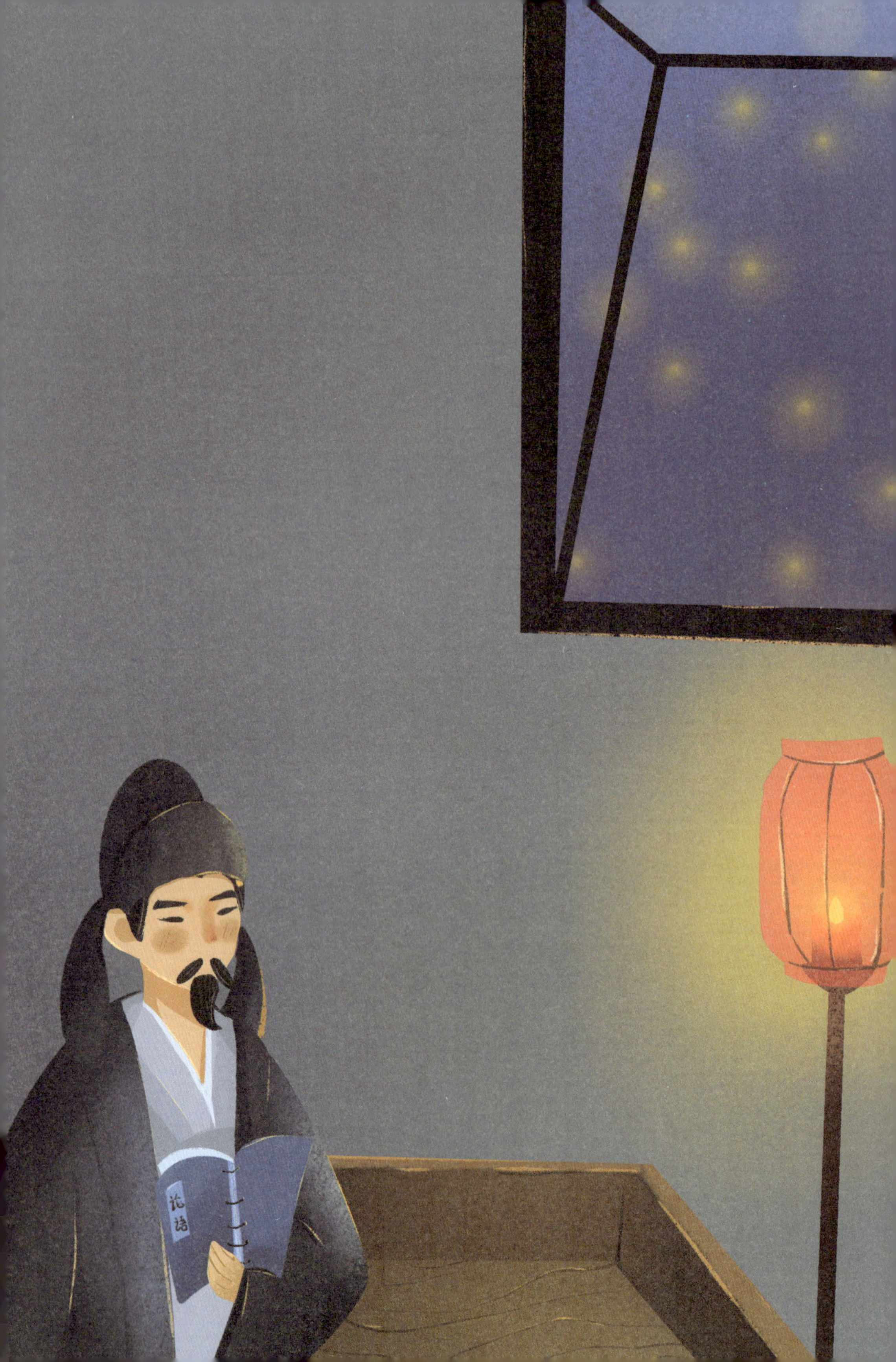
论语

从季节的变化来讲，夏天和春天自然是不同的。春天温暖，气候适宜，可夏天一般很炎热，似乎并非读书的好季节。可翁森认为夏天也有夏天的好。

对于古人来说，夏天最大的好处就是白天特别长，这是读书人最大的红利。古时候没有电灯，蜡烛、油灯的光线毕竟太暗，眼睛很容易疲劳。夏季有长长的白天，读书人可以打开窗户，在自然明亮的光线下悠然地看书，甚至在一般人听来特别烦人的蝉鸣声，都会被读书人看作在和他吟诗唱和——"昼长吟罢蝉鸣树"。古人还认为，蝉是一种品格清高的动物，只饮露水，不吃其他杂食。夏天清亮的蝉鸣声和琅琅的读书声更相配。

在夏天的晚上读书同样很有趣——"夜深烬落萤入帏"。虽然白天已经够长了，可是沉浸在读书乐趣中的人还嫌不够，晚上继续点灯读书，等到灯芯燃尽了，萤火虫又一闪一闪地飞了进来，这真是令人惊喜的夏日夜景。要是没有挑灯夜读的习惯，又怎么能够享受与萤火虫相伴的美妙呢？

于是，体会到了夏日读书乐趣的人，就会感到自己简直就是"北窗高卧羲皇侣"。"羲皇侣"本来是指上古三皇之一的伏羲氏，古代诗文里经常出现的"羲皇上人"说的就是在伏羲氏那个年代，社会安定，人们生活恬静闲适，颇有隐士的感觉。

东晋大诗人陶渊明在给儿子写信谈到读书乐趣的时候，就这样说过："五六月中，北窗下卧，遇凉风暂至，自谓是羲皇上人。"农历的五六月正是盛夏，捧着一本书，倚靠在北窗之下，突然在书中看到了让自己怦然心动或是豁然开朗的文字，那种感觉就像炎热的夏天忽然遇到了一袭凉风，通身舒泰啊！陶渊明特别喜欢这种悠闲自在的读书状态。

"北窗高卧羲皇侣，只因素稔读书趣。"翁森显然是化用了陶渊明的这个典故，这种"凉风暂至"的感觉，古人还有另外一种描述，读诗读词突然感受到一种难以言传的妙趣，就"如冷水浇背，陡然一惊"。想想看，若是热得直冒烟的夏天，一盆凉水突然浇在身上，那叫一个爽啊！这是夏日读书之趣了。

延伸阅读

从古到今，明知读书这么苦，人们依然不放弃读书的一个主要原因，就是中国人潜意识里有"吃得苦中苦，方为人上人"的观念。

唐代诗人孟郊在高中进士后写道："昔日龌龊不足夸，今朝放荡思无涯。春风得意马蹄疾，一日看尽长安花。"可以说一语道尽了隋唐以来古人读书金榜题名的功利目的。

范仲淹在功成名就之后，写诗告诫他的父老乡亲，你们别羡慕我现在的风光，还是让孩子们好好读书吧："乡人莫相羡，教子读诗书。"

而当代的学生读书多半也有这样的目的，努力读书，是为了考上好大学，最好是双一流高校，一旦进了名校，就意味着能够享受到更好的教育资源，以后也会有更好的就业选择。如此，读书的功利性强了，乐趣反而就少了。

秋天读书的心旷神怡

(《四时读书乐·秋》)

享受了春天读书的好，夏夜读书的趣，秋天读书的感觉还是一个字——"倍"，事半功倍的"倍"。秋天读书可以事半功倍的原因是"静"。

相比春天的繁华、夏日的热烈，秋天显得更为沉静。而沉静不正好是读书的最佳状态吗？虽然也有萧萧的落叶声、微弱的蟋蟀叫声，但秋天更加给人一种"萧然万籁涵虚清"的寂静之感。热闹的时候，当然也可以好好读书；但如果环境安静，没有杂事杂音的打扰，读书的效率肯定会更高，就能够达到事半功倍的效果。

四时读书乐·秋

翁森

昨夜庭前叶有声,篱豆花开蟋蟀鸣。

不觉商意满林薄,萧然万籁涵虚清。

床前赖有短檠在,对此读书功更倍。

读书之乐乐陶陶,起弄明月霜天高。

商意:秋意。

林薄:草木生长茂密之处。

短檠(qíng):矮灯架。借指小灯。

秋天读书的心旷神怡

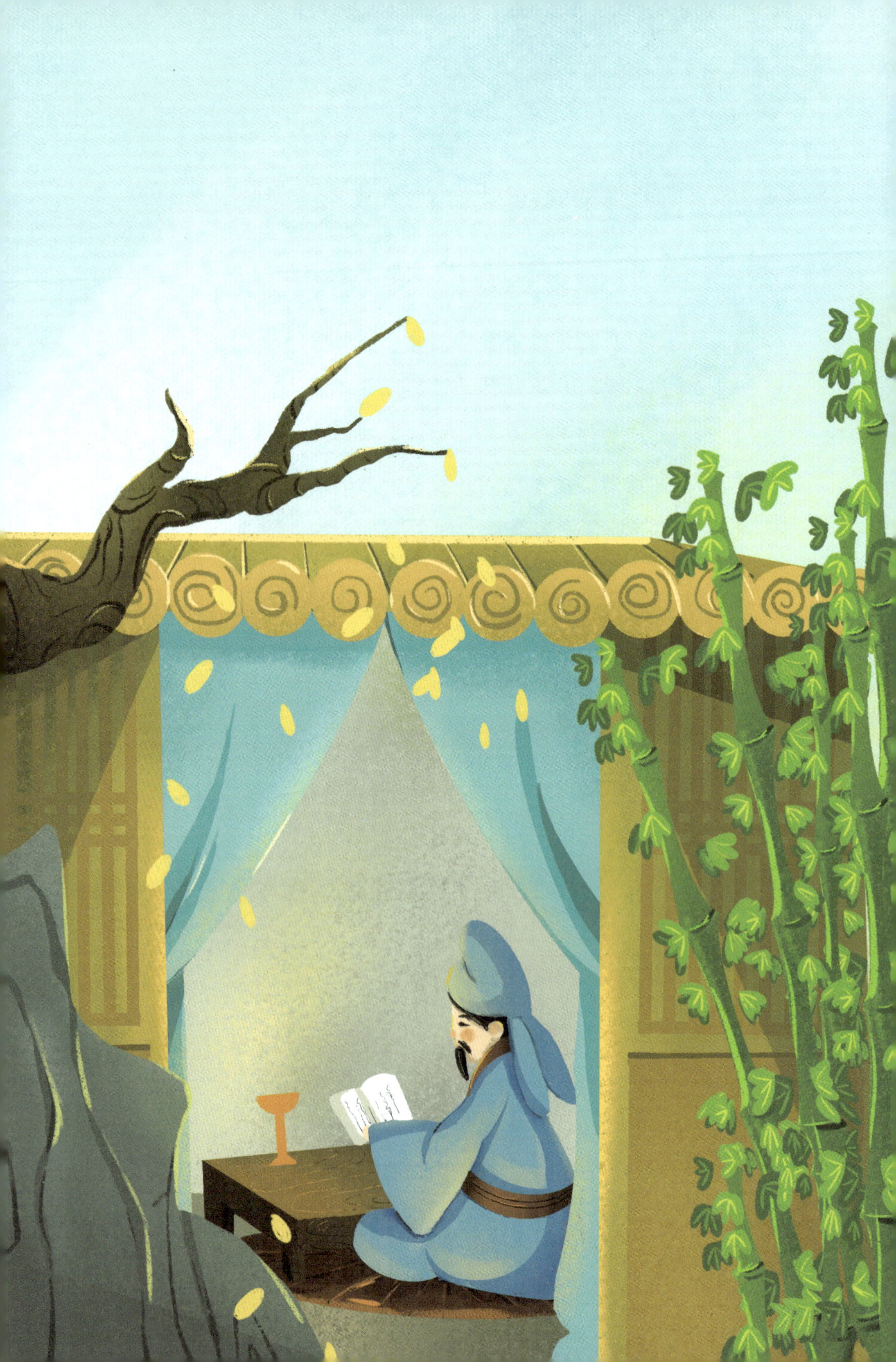

类似的读书环境，清代的词学家况周颐也有过详细的描述："人静帘垂，灯昏香直。窗外芙蓉残叶，飒飒作秋声，与砌虫相和答。据梧瞑坐，湛怀息机。每一念起，辄设理想排遣之。乃至万缘俱寂，吾心忽莹然开朗如满月，肌骨清凉，不知斯世何世也。"这种感觉和翁森所说的"萧然万籁涵虚清"是何等相似。

在古人眼里，秋天是一年之中最为天高气爽的季节，尤其是仲秋八月，还是月色最为清润明朗的季节，当然也是读书条件最好的季节。如果说，夏天读书好比是在炎热中邂逅不经意的凉风，那么秋夜读书就好比与天地万物、清风明月来一场心灵的对话，没有喧嚣，只有心灵相通的宁静与默契。

延伸阅读

通常我们一提到读书就会说读书有多么多么辛苦，那些耳熟能详的诗词、俗语都在反复唠叨这一点，比如"学海无涯苦作舟""寒窗苦读"等。还有好多有关读书的故事，都在一个劲儿地渲染读书的艰辛，比如悬梁刺股、凿壁偷光、囊萤映雪，还有范仲淹读书时的断齑画粥、欧阳修的母亲画荻教子，等等。

"诗圣"杜甫苦口婆心地告诫大家要苦读书："富贵必从勤苦得，男儿须读五车书。"(《柏学士茅屋》)唐代诗人杜荀鹤也碎碎念着要苦读书："窗竹影摇书案上，野泉声入砚池中。少年辛苦终身事，莫向光阴惰寸功。"(《题弟侄书堂》)明代理学家曹端更是直言："苦苦苦，不苦何以通今古？"(《书户》)而颜真卿的《劝学》则说："黑发不知勤学早，白首方悔读书迟。"

冬天读书的清心宁静

(《四时读书乐·冬》)

书读着读着,我们来到了冬天。按理说,冬天是最不适合读书的季节,论自然环境,冬天萧条,"木落水尽千崖枯",树叶早就落光了,甚至河水都结冰了,到处都是一片光秃秃、冷清清的样子,再加上呼啸的寒风和突如其来的冰雪,连动物都悄没声地躲起来了,人也要被冻僵了,哪还有心思悠闲自在地读书。

可诗人不这么想。真正喜欢读书的人,没有条件也会创造条件读书。所以在自然条件最为恶劣的冬天,世界万物好像都冬眠了,读书就成了一个人的狂欢。

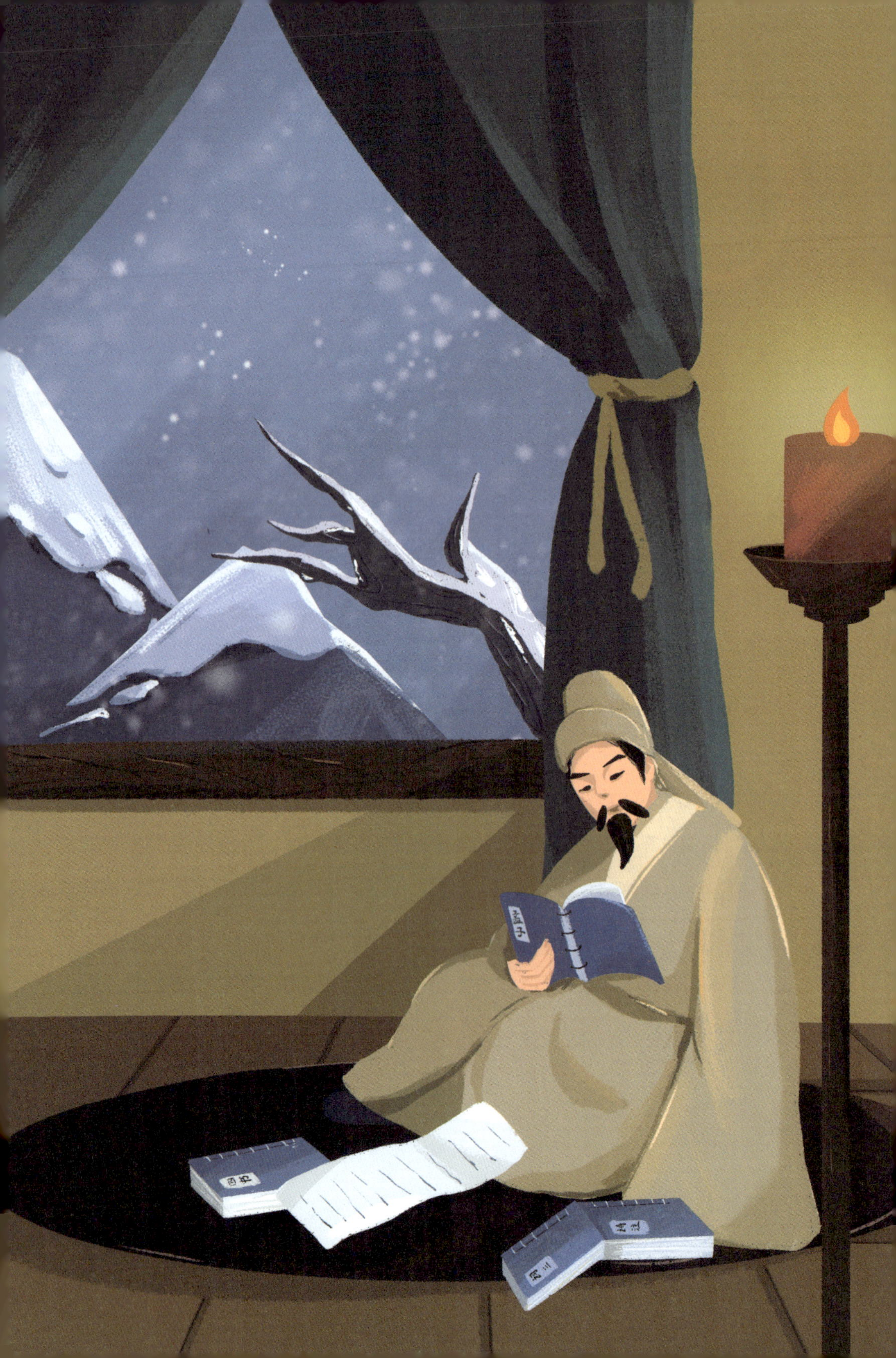

四时读书乐·冬

翁森

木落水尽千崖枯,迥然吾亦真见吾。
坐对韦编灯动壁,高歌夜半雪压庐。
地炉茶鼎烹活火,一清足称读书者。
读书之乐何处寻,数点梅花天地心。

迥然:形容差别很大。

韦编:这里指书籍。

冬天读书有两大特点，第一是孤独，第二是在孤独中营造读书的仪式感。

孤独好理解，对古人来说，冬天肯定是最"宅"的一个季节：既不能像春天那样曲水流觞，来一场读书人的雅集；也不能像盛夏那样，将家里的书都搬到太阳底下去曝晒，捎带着炫耀一下自己的博学；更不能像秋天那样，置身于天地之间，捧着最爱的书与清风明月来一场灵魂的旅行、心灵的对话。那么，怎样才能排遣冬日读书的孤独感呢？

很简单，营造一点儿仪式感，怀着一种特殊的心情，用一种审美的眼光、艺术的眼光，抑或是充满爱意的眼光，去重新看待平凡的日子。比如：元宵看灯会，冬至包饺子，生日煮寿面，等等。仪式可以隆重，也可以简洁，但一定要有一点儿与众不同。

读书也一样，既然读书可以不带任何功利的目的，那么，何不营造一点极具审美情趣的仪式感，"地炉茶鼎烹活火"，想象一下，一盏温暖的台灯，柔和的光芒洒在书房内，炉子上煮着茶，书房里茶香四溢，温热的茶杯，好像让书本都有了温度。

"坐对韦编灯动壁"，又用到了一个典故，而且还和孔子有关。《史记》记载，孔子晚年特别喜欢读《周易》，读的次数多而且读得深入细致，甚至到了"韦编三绝"的地步。孔子读的是竹简，"韦"就是编缀竹简的皮绳，后来就以韦编泛指各类经典书籍。韦编三绝的本义是说读书读到皮绳都断了好多次，表示读书十分勤奋。

通过读书，我们从容地走过四季，春天的"落花水面皆文章"、夏天的"小斋幽敞明朱曦"、秋天的"萧然万籁涵虚清"、冬天的"高歌夜半雪压庐",悠闲地感受着"读书之乐乐无穷"。

延伸阅读

虽然翁森说在一年四季读书都是一件快乐的事,可是他并没有具体说读什么书,以及为什么要读书。那么,他想要通过这四首诗告诉我们的读书的快乐到底是什么呢?

翁森的这四首诗给了我启发,我们可以通过四个步骤去体验读书的快乐。

第一步,读书的动机要纯粹,不要抱着功利目的去读;

第二步,从外在环境上营造读书的仪式感;

第三步,从内在体验上让读书的心态沉静下来,静静地体会读书带来的心灵交流与变化;

第四步,在前三步的基础上,将读书变成一种习惯,最高的境界就是将读书内化成我们的一种修养、气质和智慧,这也就是苏轼所说的"腹有诗书气自华"。

诗意就在触手可及的地方

（《人月圆·山中书事》）

宋词的主流是婉约，非主流是豪放。元曲恰恰相反，豪放泼辣是主流，清丽优美反倒是非主流。

张可久的散曲总体上并不豪放泼辣，他属于元代曲坛的"清丽派"，和乔吉并称"张乔"，被看作散曲家清丽派的代表人物。张可久现存的散曲有800多首，是元散曲作家中留存作品数量最多的一个。

《人月圆·山中书事》代表了张可久清丽的曲风。作为一个不得志的江南文人，张可久一生只做过很小的地方官，辗转半生之后，便放弃了对元朝统治者的幻想，挂冠归隐。

人月圆·山中书事

张可久

兴亡千古繁华梦，诗眼倦天涯。
孔林乔木，吴宫蔓草，楚庙寒鸦。
数间茅舍，藏书万卷，投老村家。
山中何事？松花酿酒，春水煎茶。

人月圆：曲牌名。

投老：临老，到老。

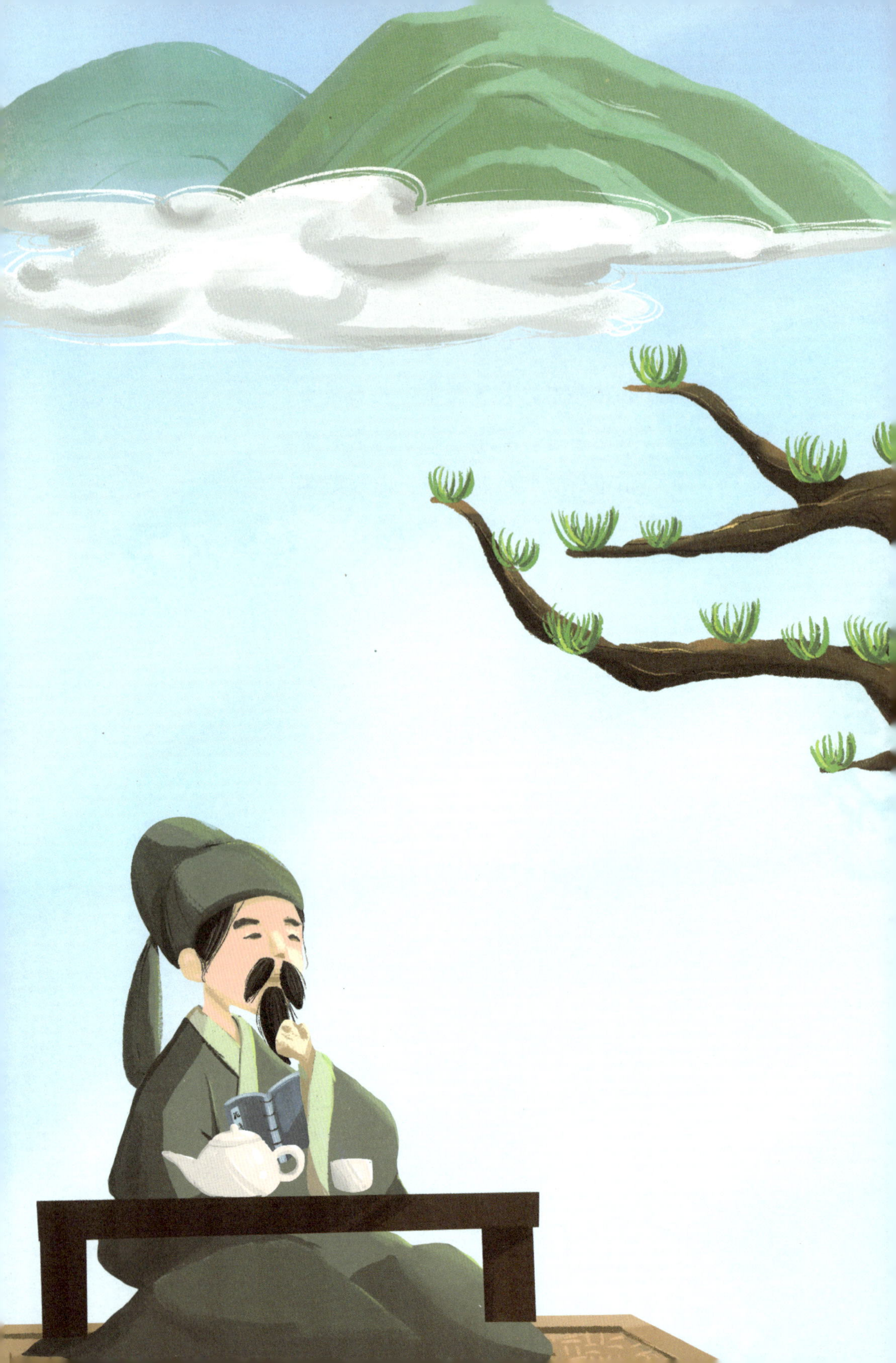

这首曲子一开始就有一种人生失意的感叹："兴亡千古繁华梦，诗眼倦天涯。""诗眼"是作者走天涯、看世界的眼睛，看到的是"兴亡千古繁华梦"，有时间上的历史兴亡感，也有空间上的繁华与冷寂的对比。

"诗眼倦天涯"，作为读书人，张可久原本有事业理想，但元朝的江南文人命不好，没有生在宋朝那样文人扬眉吐气的时代。他辗转半生，浪迹天涯之后，终于累了。这种疲倦不是简单的放弃，而是他带着一双诗眼看透了世事后的深痛领悟。"天涯"既有空间的移动，也有时间的延续。在无限的时空中，张可久的"诗眼"看到的是"孔林乔木""吴宫蔓草""楚庙寒鸦"。

这三句，看上去非常精练对称，但其中蕴含的时空意识却特别宽广。

首先，"孔林"是指山东曲阜孔子的墓地，周围种满了花草林木，绵延十数里。"吴宫"我个人认为指的是春秋时期吴国的宫殿，因为"楚庙"指战国时候楚国的宗庙。这样，孔林、吴宫、楚庙都是春秋战国时期非常有代表性的地方，代表了另一个时空曾经的繁华。

大家注意，"孔林乔木"是读书人深藏在内心的悲恸，隐含的沧桑感和无奈感尤为深刻，因为在元朝，儒家思想被轻贱，那个时期是读书人备受煎熬的漫漫长夜。所以，"孔林乔木，吴宫蔓草，楚庙寒鸦"呼应了第一句"兴亡千古繁华梦"，将千古兴亡落实到了三个具体的地方，让读者的感受更加深刻。

上阕，感慨历史与文化的盛衰兴亡；下阕，转到了张可久的个人生活:"数间茅舍,藏书万卷,投老村家。山中何事?松花酿酒,春水煎茶。"

这是典型的隐士生活:几间茅草房,万卷藏书,有松花酿酒,有春水煎茶。读书人年纪大了,不喜欢喧哗,宁愿在淳朴幽静的乡村找个地方安顿下来,过起世外桃源般的生活。穷是穷了点,老是老了点,日子过得是委屈了点,可他一点儿都没丢掉自己的兴趣。

"松花酿酒",是用松树的花酿酒,光是听着就觉得很有读书人的清雅之气。"松花"不过是山村里随处可见的东西,可是经过精心的酝酿,却具有如此的妙用。"春水煎茶",用春天的水烹煮春天的新茶,更是简单、清心。

真正的诗意不是靠奢侈品堆砌出来的,而是善于因陋就简、就地取材。这个世界本来并不是多么有诗意,而是我们的灵心妙手赋予了它美好的诗意。

延伸阅读

张可久，字小山，庆元（在今天浙江宁波鄞州区）人。

作为一名江南文人，在元朝很难有机会闯出一条成功的仕途。蒙古人入主中原后，元朝皇帝将国民分为四等：第一等是蒙古族人；第二等是色目人，也就是蒙古以外的西域各民族；第三等是汉人，也就是黄河流域的中国人；第四等是南人，即长江流域的宋人。汉人和南人的地位极为卑贱，蒙古贵族将他们当奴隶驱使是普遍现象。张可久显然是处于地位最下等的南人。

如果按职业来划分，曾经最受人尊重的儒生在元代地位降到甚至比娼妓还要低微，仅仅比乞丐高一级。元朝还一度取消了科举制度，这几乎彻底摧毁了读书人的梦想，断绝了他们仕进的念头，尤其是汉人和南人，生活更为艰难，心情也更为灰暗。